元認知的
奧秘與生活
2

元認知健康生活

抑鬱不再來

30天情緒自癒手冊

註冊職業治療師
林朝劍 博士

精神科專科醫生
黃宗顯 醫生 | 合著

enlighten & fish 亮光文化

CONTENTS

第二階段｜ Day 6–10

覺察內在事件 × 建立距離感

第三階段｜ Day 11–15

辨識壓力來源 × 揭開低落機制

第四階段｜Day 16–20

破解反芻 × 改寫「元」信念

第五階段｜Day 21–25

鬆開控制 × 重拾選擇權

第六階段｜ Day 26–30

設計新生活 × 建立神馳／心流的快樂習慣

Preface 1 | 序 1

元認知的力量｜從理解到實踐的自癒旅程

在現代快速節奏的生活中，我們的心靈時常被繁忙的日常、外界的壓力以及內心的煩惱所淹沒。我們努力追求成功、幸福與穩定，但往往忽略了內在世界的健康，甚至無意間被負面情緒與思維模式所束縛。

正是在這樣的背景下，元認知治療（Metacognitive Therapy, MCT）展現了它的重要價值。元認知不僅是一門心理學的理論，更是一種幫助現代人重新掌控內心世界的智慧，教導我們跳脫反覆思索的怪圈，從而更自由地面對情緒困擾，回歸生活的本真與平靜。

自從 2018 年出版《元認知的奧秘與生活》後，我深深感受到元認知治療在推動心理健康方面的潛力與影響力。這七年來，透過臨床實踐與學術探討，我更加堅信元認知的核心理念能幫助更多人走出情緒困境，找到內在平衡與力量。

如今，這本《元認知健康生活：抑鬱不再來——30 天情緒自癒手冊》應運而生。這不僅是對過去經驗的總結，更是一次全新的嘗試——以簡潔易懂、貼近日常的方式，幫助讀者將元認知的理論融入生活，實現情緒的自我調節與自癒。

在接下來的三十篇文章中，你將看到元認知治療如何被應用於真實生活的方方面面，並逐步學會以更健康的方式面對壓力、焦慮與低落情緒。這是一個探索自我、重建內在力量的旅程。

希望這本書能成為你生活中的一盞明燈，引領你從思緒的迷霧中走出，迎向更清晰、更自由的內心世界。

讓我們一起踏上這趟自癒之旅，從元認知的世界中發掘新的可能性。

林朝劍博士
Dr. Kino Lam

Preface 2 | 序 2

踏上自癒之旅｜元認知治療的三十天實踐指南

任何一種心理治療，其運作背後都有不少心理學的理論基礎，以及科學研究的支持，能夠全面掌握一套心理治療的運作，需要長時間的訓練以及臨床實踐的經驗累積，藉此成為一位心理治療師，除了助人，也可自助。

但是，因為種種原因，不是每一個有精神心理健康需要的人，都有機會約見心理治療師。因此，不少心理治療的方法也有用自助手冊的模式，讓有需要人士自己學習和實踐心理治療的知識和技巧。

元認知治療（Metacognitive Therapy）是近年流行的新一代心理治療，跟第二代心理治療如認知行為治療（Cognitive Behavioural Therapy）的理論和運作截然不同。從前的心理治療有它們的限制，元認知治療可補足其他心理治療不足的地方。這種治療原本的基礎理論不簡單，現在將複雜的知識和理論，以簡易的方法呈現在大家眼前，成為一本新一代心理治療的自助手冊。即使沒有心理學或精神醫學背景的人士，也會感到容易閱讀和掌握。

這本著作將元認知治療精心設計為一個三十天的自癒旅程，有需要的人可跟隨這個旅程，由第一天至第三十天，一天一天跟著指引，每天掌握這個治療的一點知識，每天對自己的認知和情緒作相應的調節和修正，達至情緒穩定的狀態。

三十天完結後，可以再從第一天開始旅程。當我們重複地經歷這個旅程時，會對旅途上的一切細節更加熟悉和掌握，走過一次的路，再走一次會更加容易，而每一次走的旅程也會有不同的體會、感悟和經歷。

這本著作承接我們出版的第一本《元認知的奧秘與生活》，將元認知治療再次帶入大家的生活，是第一本著作的延伸，也是第一本著作的實踐指引。

當大家生活上遇到困難和壓力，自己無法解決，也導致精神心理健康的問題時，可以考慮先用一些自助方法，例如這本心理治療自助手冊。假如問題持續或嚴重時，需要考慮儘快向專業人士求助。

元認知治療，由日常生活開始，讓我們今天開始踏上這個旅程，努力維持自己的精神心理健康。

黃宗顯醫生
精神科專科醫生

Foreword | 前言

走進元認知的世界｜ 30 天自癒旅程的起點

自從 2018 年出版第一本《元認知的奧秘與生活》以來，經過七年的沉澱與實踐，我們的第二本著作終於誕生了——《元認知健康生活：抑鬱不再來——30 天情緒自癒手冊》。

本書繼續以「元認知治療」的理論與技巧為基礎，透過 30 篇簡潔易讀的短文，結合實際生活的例子，幫助讀者更輕鬆地掌握，並將元認知治療應用於日常情緒管理之中。

認識元認知治療

「元認知治療」（Metacognitive Therapy, MCT）是新一代的心理治療之一，其核心理念是從「元層次思維」入手，調整那些引發並維持情緒困擾的病態思維模式。

與傳統的認知行為治療不同，元認知治療不強調分析負面想法的內容或追溯其背後的信念與假設。這是因為這些內容通常只是元認知功能失調的「副產品」。當一個人長期將注意力投注於無效的思考程式上，例如反覆思索、持續擔憂或過度監測威脅，他們便更容易陷入情緒困境。

元認知治療的目標，是幫助患者停止這些不良的應對模式，學會如何從過度思考與焦慮中抽離，回到當下，重拾心理靈活性與內在的自由。

為甚麼是一本「自癒手冊」？

這本書的設計初衷，是幫助讀者即使在沒有治療師陪伴的情況下，也能在日常生活中遇到情緒困擾時具備初步的理解與調節能力。

首先，我們需要對「情緒病」有一個簡單而正確的認識。許多人誤以為，只要自己擁有過多負面想法，或感到情緒低落，就意味著自己生病了。但事實並非如此。

在現代社會的高壓環境中，大多數人都會經歷短暫的負面情緒與想法，例如：不開心、失望、焦慮、憤怒，甚至感到自信心下降。這些情緒反應在多數情況下只是正常的心理波動，並不代表心理疾病。關鍵在於，我們是否具備適應性思維與健康的應對策略，讓這些情緒成為「轉瞬即逝」的經驗，而非長期困擾的根源。

結語

情緒自癒並非一條快速解決問題的捷徑，而是一趟逐步練習與自我理解的旅程。希望這本書能成為你每天生活中的小幫手，陪伴你一點一滴地學習，從思緒的迷霧中走出來，找回內在的穩定與力量。

願大家在未來的 30 天裡，與自己建立更深刻的連結，讓元認知成為你情緒自癒的起點。

第一階段｜

Day 1–5

認識情緒
×
啟動元認知

—第 1 天—

情緒是甚麼？
——不要太高估它！

「情緒不是敵人，也不是主角。
它只是來傳遞訊息的信差。」

學會看見情緒，而不是被它吞沒。

☘ 今日學習：情緒其實比你想像的還要中立

在第一本書《元認知的奧秘與生活》中，我們曾提到「元情緒」的概念。今天，我們從最基本的問題開始：情緒到底是甚麼？

在我們的內在經驗中，情緒常常被誤解。許多人認為「負面情緒」是不好的、應該被壓下來；而「正面情緒」才值得追求與珍惜。但實際上，情緒只是大腦處理資訊後的一種表達方式，本身沒有好壞之分。

💡 科學觀點：情緒是內在的「數據訊號」

從神經科學的角度來看，情緒源自大腦皮質層下的結構，是一種來自「情緒感知系統」的內在反應。它們就像是心靈的數據訊號（Signals），會影響我們的：

· 動機與行動傾向
· 注意力焦點
· 記憶選擇與判斷模式

情緒的兩大核心功能

1. 協助我們評估事件或刺激的重要性

情緒是內心對外界刺激的快速標記，幫助我們辨識事情是否值得關注，是否有風險，是否與自我價值有關。

2. 引導我們做出應對選擇

情緒是行動的驅動器——它讓我們知道是否該說出內心話、保持距離、尋求幫助，或設下界線。

日常例子：情緒如何在生活中運作

例子：鐵路上的焦躁情緒

小芳今天搭地鐵時，列車突然延誤了15分鐘。她感到焦躁、心跳加快，腦中開始浮現「我會遲到！老闆會不高興！」的念頭。這種不安的情緒讓她開始預備向上司解釋，並嘗試尋找替代路線。

解析：雖然這股焦躁感令人不適，但它其實在幫助小芳進入「應變模式」，促使她進行下一步的行動。這正是情緒「行動引導」功能的展現。

今日觀點：不是只有「正面情緒」才有價值

我們都喜歡感到快樂、滿足與平靜，但「負面情緒」其實也扮演著重要角色。

想像一下：當你被人無理指責，如果你完全沒有任何情緒反應，你就無法辨識這件事對你有多大影響，也難以做出適當的回應。

情緒就像鋼琴上的琴鍵，每一個音符都有它的位置與功能。惟有接受所有的情緒，我們才能彈奏出完整的人生旋律。

每日練習：觀察你的情緒「訊號」

請花幾分鐘，回顧一下你最近一週的情緒狀態。你可以寫下來，或安靜地在心中思考：

1. 你最常出現的情緒有哪些？

   例如：緊張、憤怒、煩躁、平靜、愉快……

2. 這些情緒幫助你理解了哪些事件或刺激？

   它們是否讓你看清楚某些人、事、物的價值、風險或界線？

3. 這些情緒又引導你做出了甚麼行動選擇？

   你選擇了溝通？退讓？沉思？還是逃避？

請記住：

不要急著評價情緒是「好」或「壞」，而是試著問自己：它帶給了我甚麼訊息？

今日小語：

「情緒只是讓你知道，哪裡有光，哪裡有影。你不需要逃避它，只要學會聽懂它。」

第一天「今日就行動」：情緒日記

今天，開始製作一本屬於自己的情緒日記！每天花 10 至 15 分鐘，將你每天體驗過的情緒記錄下來。無論是快樂、悲傷、憤怒還是平靜，都可以寫下相關的事件或情境，幫助你更清楚地認識自己的感受。

為了讓日記更有趣，可以嘗試：

· 畫一些圖畫來表達心情。

· 使用貼紙、彩色筆或其他裝飾，讓日記充滿個人風格。

記住：這不是要評判情緒的好壞，而是單純地觀察和記錄它們。情緒本身沒有正面或負面之分，它們只是你生活的一部分。透過這個過程，你將學會以更開放的態度接受自己的感受。

—第 2 天—

負面情緒不是壞情緒

「你不是壞情緒的受害者，而是它們的訊息接收者。」

情緒的訊號，是你內在的求救燈。

今日學習：情緒的價值，不分正負。

當我們感到悲傷、焦慮、生氣、羞愧時，我們很容易覺得自己「狀況不好」，甚至懷疑自己是不是「心理有問題」。但真相是：負面情緒不是錯誤的存在，它們只是帶著訊息的信差。

每一種情緒都有其功能與意義，無論它令你多麼不舒服。學會不評價情緒，而是觀察情緒，是元認知治療中重要的一環。

科學觀點：大腦不分「好壞」，只管「生存」。

從演化的角度來看，大腦的首要任務不是讓我們快樂，而是讓我們活下來。因此，焦慮、憤怒、恐懼這些「負面情緒」其實是內建的警報系統，幫助我們注意危險、做出反應。

情緒功能定位：警示與保護

- 焦慮：提醒你注意未來的風險
- 憤怒：讓你知道界線可能被侵犯
- 悲傷：幫助你處理失落與轉變
- 內疚：提醒你行為是否偏離價值

這些情緒看似沉重，實際上是自我保護的一部分。

日常例子：被忽略的失落感

阿明在團隊會議中提出一個點子，卻被主管忽略，轉而稱讚另一位同事。他感到委屈，懷疑自己是否不被重視。

解析：那股「失落」的情緒，其實在提醒阿明：「我需要被看見。我渴望貢獻。」這不是壞情緒，而是內心需求的提示。

今日觀點：與情緒對話，而非對抗。

當你學會不立刻反應，不立刻壓抑情緒，而是好奇地問：「它想告訴我甚麼？」你就打開了一扇理解自己的門。

情緒不是敵人，而是一位語言獨特的朋友。

每日練習：認識你的「負面情緒」

請花 5 分鐘，寫下以下問題的答案：

1. 最近出現過哪些讓你不舒服的情緒？
2. 它們對你說了甚麼？它們想提醒你甚麼？
3. 如果你不評價它，只觀察它，你會學到甚麼？

練習用「我注意到我感到 ...」來描述，而非「我就是這樣的人」。

今日小語：

「情緒不是問題，否認情緒才是。」

——學會觀察它，不是去抑壓或害怕負面情緒，它會教會你更多關於自己的事。

第二天「今日就行動」：寫「情」信

今天，選擇一個你經常體驗的「負面情緒」，寫一封信給它。在信中，你可以：

- 表達你對這個情緒的感受，讓它知道你已經注意到它的存在。
- 探討這個情緒帶給你的啟發，或者它可能暗示了哪些內心需求。

- 像阿明的例子一樣，試著用信件和它建立更深刻的聯繫。

這封信的目的，不是要消除或壓抑情緒，而是學會聽懂它的語言，理解它的來意，並探索如何與它和平共處。這是通往情緒自癒的重要一步！

—第 3 天—

元認知與情緒

「你不是思緒的士兵，而是那個能下令停火的指揮官。」

當你能覺察思考，情緒就不再主宰你。

☘ 今日學習：元認知——情緒背後的看守者

我們今天要認識的是一個非常關鍵但常被忽略的能力：元認知（Metacognition）。

簡單來說，元認知就是——「對思考的思考」、「對情緒的覺察」。它不單止是認知的一部分，更像是我們內在的總指揮官——引導我們如何面對內心的混亂與外在環境的變化。

想像一下：

- 認知就像是士兵——它們負責執行任務：思考、記憶、做決定。
- 元認知則像是戰場上的指揮官——觀察整體局勢、評估策略、適時下令調整方向。

拿破崙與滑鐵盧戰役（比喻）

· 背景：拿破崙軍力強、訓練有素，但最後在滑鐵盧因判斷失誤與指揮調度失控而敗北。

· 比喻重點：單靠強大的士兵（認知）不夠，沒有戰略眼光與全局調度（元認知），仍會失敗。

科學觀點：元認知與情緒調節的關係

情緒之所以會讓我們痛苦，不止是因為它本身強烈，而是我們對情緒的「過度反應」與「過度思考」，才成為真正的困擾來源。

透過強化元認知能力，我們可以：

- 察覺目前是否陷入不必要的擔憂或反覆思考（Rumination）。
- 觀察自己對情緒的反應，而不是一頭栽進去。
- 在「情緒出現」與「行動選擇」之間，建立一個停頓空間，讓自己有更多選擇的自由。

日常例子：小琪與焦慮的距離

小琪最近經常因為工作簡報感到焦慮。她腦中充滿「我會搞砸」、「大家會覺得我很差」的念頭。剛開始她會一直反覆想這些問題，甚至做噩夢。

後來，她開始練習元認知技巧：當念頭升起時，她告訴自己：「我注意到我正在擔心自己會搞砸。」而不是直接相信這個想法是真實的。

✔ **解析**：小琪沒有試圖壓抑焦慮，而是用「我正在想……」的語言，與它保持距離。這就是元認知的力量：讓我們從情緒中拉出一點空間，看清楚發生了甚麼。

✎ 每日練習：元認知自我觀察小練習

今天請試著記錄一次你在情緒中「跳出來觀察」的經驗，或是刻意練習這樣做。

1. 最近出現的一個困擾情緒是甚麼？（例如：焦慮、憤怒、羞愧）
2. 你對這個情緒的第一個反應是甚麼？（逃避它？壓抑它？過度分析它？）
3. 現在，請用「我注意到我正在想……」的句型，重新描述這個經驗。例如：「我注意到我正在想：『我一定會搞砸』。」
4. 在這樣觀察過後，你的情緒或行動有甚麼不一樣的感受？

✔ **請記住：**

你不是你的情緒，也不是你的想法。你是那個能夠觀察它們的人。這就是元認知的起點。

今日小語：

「當你能觀察自己的思緒，而不是與它們糾纏，你就開始擁有真正的自由。」

第三天「今日就行動」：「情緒日記」進階版

今天，讓我們升級你的情緒日記！在記錄情緒日記時，新增一個「觀察者」欄位，以旁觀者的角度來審視你的情緒和相關事件。

以下是具體步驟：

1. 描述情緒事件和感受：記錄你經歷的情緒及其相關的情境。

2. 觀察者視角：

- 以第三者的客觀態度，分析這次情緒的起因、發展和可能的結果。
- 思考是否有其他可以採取的應對方式。
- 評估這些替代方式可能帶來的不同影響。

透過這個「觀察者」練習，你可以更全面地理解情緒事件，而不僅僅是陷入情緒本身。這有助於你培養更冷靜的心態，並為未來的情緒管理提供更多可能性。

—第 4 天—

停止過度思考的第一步

「真正的自我關懷，不是想更多，而是想得剛剛好。」

不是思考太多，而是思考卡住了。

☘ 今日學習：元認知功能如何影響情緒調節

你是否有過這樣的經驗：

· 明明事情還沒發生，腦中卻已經預演了數十次最糟的可能？

· 或者明明問題不大，卻越想越氣、越想越怕、越想越糾結？

這些情況常常不是因為「事件本身」，而是我們進入了一種名為「認知注意綜合症」（Cognitive Attentional Syndrome, CAS）的思維模式。

科學觀點：甚麼是 CAS 模式？

當我們的元認知功能下降時，大腦會更容易啟動這種病態化的應對模式，導致我們陷入以下三種反應：

1. 延長性思考（Extended Thinking）

   反覆擔憂、反芻、過度分析（Worry & Rumination）

2. 威脅監控（Threat Monitoring）

   注意力集中在風險、錯誤與不安的內容上

3. 無效應對方式（Unhelpful Coping Behaviours）

   例如壓抑和逃避思想、迴避處境、酗酒濫藥和過度尋求慰藉等

長期處於這三個模式中，會使情緒調節功能逐漸崩潰，成為焦慮與抑鬱的根源。

情緒病先兆：認識 CAS 的 14 種表現

請參考以下 14 項 CAS 認知模式的具體特徵，這些是你可以在日常中覺察的心理訊號：

1. 總是往負面方向思考
2. 過度思索卻缺乏建設性結論
3. 決策困難與持續後悔感
4. 對細節過於挑剔，情緒容易積壓
5. 出現強迫性思維與行為

6. 過度自我反思，失去思考信心
7. 忽視精神狀況惡化（如睡眠變差）
8. 難以控制情緒，長時間無法退潮
9. 負面情緒明顯多於正面情緒
10. 情緒過於平淡，漠然無感
11. 對開心活動失去反應與快樂感
12. 對外界刺激過度敏感與反應強烈
13. 感覺生活完全失控，危機感強烈
14. 夜間思緒翻湧，大腦無法「關機」

甚麼時候要特別注意？

如果你在過去一週中出現了七個以上的徵兆，請特別關注自己的心理狀態。尤其當這些狀況符合以下三個「警示指標」，代表你可能已經長時間處於 CAS 模式：

1. 持續性與深度

· 每天大部分時間都被情緒與思緒困擾
· 思考內容無止境，沒有出口
· 無法引導出行動或釋放壓力

2. 影響生活功能

· 工作、人際關係或家庭功能下降
· 無法參與原本喜歡的活動

· 情緒困擾加劇，社交壓力升高

3. 非功能性應對方式

· 壓抑、逃避、過度依賴物質或控制行為
· 出現自我傷害或傷害他人的衝動

日常例子：過於挑剔的情緒陷阱

小明最近總是對同事小李感到不滿。

每天上班時，他會注意到小李桌面不整齊，或者覺得小李說話語氣「有點不禮貌」。即使這些細節並不影響工作，小明卻忍不住反覆琢磨，越想越不舒服。

這樣的情緒讓他開始對小李產生更多負面想法，甚至忘了小李曾幫助過自己。他的注意力被負面細節綁架，情緒也開始被拉入低潮。

解析：CAS模式會使我們的注意力聚焦在讓人不安的細節上，忽略整體、放大問題，結果讓情緒越來越敏感、疲憊，甚至扭曲人際關係的真實狀態。

每日功課：自我檢視與察覺

今天，請花幾分鐘靜下來，誠實地觀察自己最近的心理狀態：

1. 我是否符合「情緒病先兆」的 14 個特徵中的多項？
2. 是否出現三個「警示指標」其一的情況？
3. 最近是否有人對我說：「你看起來很累／情緒不太穩定」？
4. 我是否忽略了自己內在發出的求救訊號？

請記住：

即使你符合多項情況，這並不是「有病」的標籤，而是一個重要的訊號。

「察覺」是療癒的第一步。

接下來的日子，我們會陪你一起，走出思緒的迷宮。

今日小語：

「真正從情緒病中走出來，常常是從無聲的微小改變開始的。聽見它，就是改變的開始。」

第四天「今日就行動」：設立界限

今天，學習為自己設立時間和空間的界限，幫助你遠離情緒過度消耗的狀態。

具體行動：

· 時間界限：設定一個明確的時間，例如每天晚上 8 點後，停止思考或討論負面的事情，讓自己有一段純粹放鬆的時間。

· 空間界限：為自己創造一個舒適的空間，例如一個只用來休息、放鬆或進行正向活動的地方，避免讓負面情緒滲透進這個區域。

設立界限的目的不是逃避情緒，而是給自己留出喘息的時間和空間，幫助你重新整理心情，並以更清晰的心態面對挑戰。

—第 5 天—

想法重要嗎？

「我們的想法就像雲，來了又去，重要的是我們與它們的距離。」

你不是你的想法，而是可以選擇的那個你。

今日學習：

我們時常認為，想法會決定一切，但事實上，想法只是情緒與行動的觸發因素之一。今天，我們將學習如何以更輕鬆的態度對待自己的想法，並減少對負面思維的糾結。

人類每天有超過一千個想法閃過腦海，有些是正向的，有些是負向的。這些想法，其實可以看作是某年某月某日某時，曾在腦海中出現過的內在事件而已。它們的出現並不一定代表真相，也不必然需要我們去「做點甚麼」。

科學觀點：

根據元認知治療（MCT）的理論，想法只是其中一種「內在事件」，它們不一定代表真實世界的狀況。我們的大腦習慣於創造故事，並非所有故事都值得相信。重要的是，我們能與這些想法保持距離，專注於自己的價值與行動方向，而不是被它們牽著鼻子走。

此外，心理學研究指出，過度思索／反芻（Rumination）會加劇焦慮與抑鬱。學會辨識與接納自己的想法，而不是過度分析或壓抑它們，是提升心理彈性的重要一步。

警示訊號：

- 持續反覆思索「為甚麼會這樣」的問題，卻找不到解答。
- 對於負面想法感到恐懼或試圖壓抑它們。
- 因害怕負面情緒而過度迴避某些情境或挑戰。

日常例子：

「為何我會考試失敗？為何我會這樣沒用！？一會兒媽媽說我不用功讀書怎麼辦？」

甘甘對於「我真是沒用！」這個想法非常在意，並且展開了許多分析，試圖找出「為甚麼」自己會這麼想。她越分析，越感到焦慮與無助，甚至開始懷疑自己的能力。

很多人像甘甘一樣，認為想法，特別是負面想法，十分重要，因此習慣對它們進行「處理」。但事實上，這種處理方式往往會讓負面情緒更加深化，讓我們陷入情緒的泥淖而無法自拔。

每日練習：

1. 記錄你的想法：今天花 5 分鐘時間，寫下腦海中所有的想法，不加批判或篩選地列出來。
2. 練習「想法去中心化」：挑選一個負面想法，試著說：「我注意到自己有這樣的想法」，而非「我就是這樣」。
3. 用行動取代分析：選擇一件你因為過度思考而拖延的事情，今天去完成它，並記錄你的感受。

請記住：

想法不等於事實，它們只是自動出現的內在事件。放下對想法的糾結，專注於行動，才能讓我們活得更輕鬆自在。

今日小語：

「你不是你的想法，而是觀察想法的人。學會與它們和平共處，才能真正感受到內在的自由與平靜。」

第五天「今日就行動」：引導冥想——雲朵與想法

今天，體驗一次引導式冥想，學習以平靜的心態面對自己的想法。

步驟：

1. 找一個安靜的地方，坐下或躺下，閉上眼睛，讓身心放鬆。
2. 想像自己躺在一片柔軟的草地上，仰望藍天。
3. 將每一個浮現的想法想像成天空中的雲朵。觀察它們的：
   - 形狀：是尖銳還是柔和？
   - 顏色：明亮還是暗淡？
   - 移動速度：是快速掠過還是緩緩漂浮？
4. 不要試圖改變或抓住任何雲朵，只是單純地觀察它們來來去去。
5. 在心中提醒自己：「想法就像雲朵，它們會來，也會走，它們並不代表真正的我。」

目標：透過這個練習，體驗「想法來來去去」的本質，學習以旁觀者的角度看待自己的思緒，減少對負面想法的糾纏或認同，從而培養內心的平靜和自由。

第二階段｜

Day 6–10

覺察內在事件

×

建立距離感

—第 6 天—

甚麼是內在事件？

「想法、情緒、影像與慾望，
只是來來去去的內在事件，不必成為我們的負擔。」

不是外間發生的事，而是我們腦海中浮現的東西

☘ 今日學習：

今天，我們將學習「內在事件」的概念，這是理解抑鬱症元認知治療（MCT）的重要基礎。認識內在事件，有助於我們減少對它們的糾結，為接下來的「分離靜觀」練習做好準備。

我們的大腦每天會產生數以千計的想法、情緒和影像。這些內在經歷，統稱為「內在事件」。它們本質上是短暫的，並不具備絕對的真相。

然而，我們常常誤以為這些內在事件是自我的一部分，甚至過度解讀它們的意義，進而陷入情緒困擾。今天，我們將學習如何辨識這些內在事件，並理解它們的特性。

💡 科學觀點：

甚麼是「內在事件」？

內在事件是我們內心世界中的所有心理現象，包括以下四種主要類別：

1. 想法：如「我不夠好」、「我會失敗」。

2. 情緒：如焦慮、悲傷或憤怒。

3. 影像：如腦海中浮現的記憶片段或假想情境。

4. 慾望與衝動：如對特定事物的渴望或行為衝動。

內在事件的特性：

1. 短暫性：內在事件會出現，停留片刻，然後自然消失。

2. 非真實性：它們只是心理現象，並不代表現實，也不需要被當成事實。

3. 無須反應：我們可以選擇觀察內在事件，而不是被它們牽著走。

過度糾結的危險：

元認知心理治療的研究指出，當我們過度自我關注或分析內在事件時，其實已經出現了一種叫做 Excessive Self-focused Attention 的狀態，會令到我們的精神都過度集中留意腦海中出現嘅東西。

學會辨識內在事件，是我們學習「分離靜觀」的第一步。

內在事件與情緒困擾的關係：

例子：小明的焦慮

小明在準備演講時，腦海中閃過一個想法：「如果我忘記了講詞怎麼辦？大家會笑話我！」這個想法令他感到強烈的焦慮，身體出現心跳加速、手心冒汗的反應。他的腦海中還浮現了自己在台上尷尬的畫面，進一步加劇了他的不安。

這些內在事件（想法、情緒、影像）加重了小明的緊張情緒，讓他開始懷疑自己的能力，甚至產生放棄演講的念頭。

如果小明能意識到這些只是短暫的內在事件，他就能避免過度糾結，從而專注於當下的行動。

日常例子：

例子：內在事件的影響

阿晴在考試失敗後，腦海中浮現了這些內在事件：

· 想法：「我很沒用」。

· 情緒：悲傷、愧疚。

· 影像：想像媽媽批評她不努力的畫面。

· 慾望：想要逃避現實或放棄學習。

這些內在事件讓阿晴陷入持續的思索（反芻）與自責，導致她的情緒越發低落，行為上也變得消極。

如果阿晴能學會辨識這些「內在事件」，並意識到它們的短暫性與非真實性，她就能減少對它們的糾纏，逐步恢復心理平衡。

每日練習：

今日的功課是學習辨識「內在事件」，並將它們分類：

1. 靜心觀察內在事件：

   找一個安靜的地方，花 5 分鐘時間閉上眼睛，留意腦海中浮現的想法、情緒、影像或慾望。

2. 記錄 4-5 個主要的內在事件：

   在日記中記下你觀察到的內在事件，並將它們歸類：

   · 想法：如「我做得不夠好」。
   · 情緒：如焦慮或悲傷。
   · 影像：如腦海中一閃而過的畫面。
   · 慾望：如衝動地想要做某件事。

3. 練習不加評價地觀察：

   嘗試對內在事件說：「這只是我的一個想法／情緒／影像／慾望。」避免進一步分析或批判。

請記住：

內在事件是我們心理運作的一部分，但它們不是真實的事物，也不需要被過多解讀或控制。學習辨識內在事件，是我們建立心理健康的重要一步。

今日小語：

「內在事件如風過樹梢，來了又去。靜觀其變，心自平靜。」

第六天「今日就行動」：察覺內在事件

今天，學習一個實用的技巧，幫助你更深入地覺察和應對內在的情緒與想法——RAIN 技巧。

RAIN 是四個步驟：

1. Recognize（辨識）
   - 留意內心正在發生的事情，無論是情緒、想法，還是身體的感受。
   - 問自己：「我現在感受到甚麼？」
2. Allow（允許）
   - 允許這些情緒、想法或感受存在，而不去抗拒或壓抑它們。
   - 告訴自己：「這是可以被接納的。」

3. Investigate（探索）

- 帶著好奇心深入探索：這些感受來自哪裡？它們想告訴我甚麼？
- 問自己：「我的需求是甚麼？這些感受背後有甚麼信息？」

4. Nurture（滋養）

- 用慈悲和理解來對待自己，像安慰一位親密的朋友一樣。
- 對自己說：「我理解你的感受，這很正常。」

目標：透過 RAIN 技巧，你可以更溫柔地面對內心的起伏，學會接納和理解自己，從而帶來真正的內在平靜與成長。

—第 7 天—

學會分離靜觀

「情緒如流水，來了又去，靜觀其變，心自平靜。」

看著想法流過，而不是跳進去游泳。

☘ 今日學習：

昨天，我們學習了「內在事件」的概念，了解到它們只是短暫的心理事件，包括想法、情緒、影像以及慾望等，它們不具備絕對的真相，也不需要被過度解讀。今天，我們將學習如何運用「分離靜觀」，與內在事件建立健康的距離，避免陷入無謂的情緒糾纏與惡性循環。

今天，我們將進一步學習如何應用「分離靜觀」技巧，這是對抗抑鬱症「認知注意綜合症（CAS）」的第一步。透過這些「比喻式體驗」，我們能夠減少對內在事件的糾結，進一步提升心理彈性與生活品質。

💡 科學觀點：

甚麼是「分離靜觀」（Detached Mindfulness）？

「分離靜觀」是元認知模式（Metacognitive Mode）的核心技巧，旨在改變我們對內在事件的體驗方式。它包括以下幾個原則：

1. 自我意識與內在事件是分離的。
   - 內在事件（如想法、情緒等）本質上是短暫的，就像流動的河水或飄過的雲。
   - 我們不需要把它們當成自我的一部分或真實的事實。
2. 內在事件會自然流走。
   - 我們不需要投入大量精力去分析、思索、擔憂或監察它們。只須靜靜等待，它們會自行消散。
3. 觀察，而非控制或反應。
   - 我們需要學會「知道」並「觀察」，而不是被內在事件牽著走。
   - 將注意力從糾結的情緒中抽離，轉而專注於更有價值的行動方向。

心理治療研究發現，過度思索／反芻（Rumination）是抑鬱症的重要維持因素。透過「分離靜觀」，我們可以有效打破這種模式，從而改善情緒和行為。

抑鬱症元認知治療方案解說：

認知注意綜合症（CAS）是抑鬱症的核心特徵，包含：

· 過度思索（反芻）
· 持續監測負面情緒或身體症狀
· 試圖控制或壓抑內在事件

「分離靜觀」的目標是打破這些惡性循環的第一步，幫助我們從 CAS 中脫離，恢復心理平衡。

日常例子：

例子：阿晴的經歷

阿晴在考試失敗後，陷入持續的自我批評與反芻：「我為甚麼這麼沒用？」、「為甚麼我總是失敗？」她對這些內在事件投入大量分析與思考，結果讓她的抑鬱情緒越來越深重。

如果阿晴學會了「分離靜觀」，她可以這樣回應自己的想法：

· 「我注意到自己有『我很沒用』的想法。」
· 「這只是腦海中閃過的一個內在事件，它會自然消失。」
· 「我不需要分析它或解釋它為甚麼出現。」

阿晴明白短暫認同「我為甚麼這麼沒用」，而且有一些檢討的時間是可以的，但更重要的是對這個想法採取「分離靜觀」，她逐漸從過度思索（反芻）中脫離，專注於當下的行動，而不是糾結於負面情緒。

每日練習：

今日的功課是將靜觀技巧應用於日常生活中：

1. 辨識內在事件：

花 5 分鐘時間，靜靜觀察腦海中閃過的想法與情緒，將它們看作是單純的「內在事件」，而不是自我或真相。

2. 練習靜觀距離：

選擇一個讓你困擾的想法，試著說「我注意到自己有這樣的想法」，而非「我就是這樣」。

3. 記錄你的感受：

在日記中記錄你的靜觀練習，描述它是否幫助你減少了情緒糾結或壓力。

請記住：

內心事件只是短暫的心理現象，它們不需要被控制、分析或壓抑。通過「分離靜觀」，我們可以與它們和平共處，讓生活更輕鬆自在。

今日小語：

當你學會靜觀時，心靈如鏡，雲過而不留痕，水流而不驚波。

第七天「今日就行動」：引導冥想——思緒之河

今天，透過這個引導冥想，學習以觀察者的角度面對你的思緒，培養內心的平靜與專注力。

步驟：

1. 找一個安靜的地方，選擇坐下或躺下，閉上眼睛，放鬆身心。
2. 想像自己坐在一條河的岸邊，河水緩緩流動。
3. 將每一個浮現的想法，想像成漂浮在河面上的物品，例如：
   - 樹葉、小船、漂浮的木頭，甚至垃圾等。
4. 觀察它們：
   - 注意它們的形狀、顏色、大小和移動速度。
   - 不要抓住或阻止任何物品，只是單純地看著它們流過。
5. 如果發現自己被某個想法吸引，失去專注，溫柔地將注意力拉回到河流上，繼續觀察那些漂浮的物品。
6. 提醒自己：
   - 「我們的目標不是消除想法，而是學習以觀察者的角度，看著它們自然地來來去去。」

目標：透過這個練習，感受自己的思緒就像一條河流，學會不被其中的某個想法困住，從而更輕鬆地面對日常生活中的內心波動。

—第 8 天—

壽司輸送帶

「想法如壽司輸送帶上的碟子，經過就讓它過去，
不必執著於每一碟子。」

讓思緒像盤子一樣滑過，不必每一盤都抓住。

☘ 今日學習：

在日常生活中，我們的腦海中常常出現各種想法、情緒或影像（內在事件）。這些內在事件不斷吸引我們的注意力，讓我們深陷反芻與擔憂的惡性循環。

今天，我們將學習另一種分離靜觀的比喻式體驗——壽司輸送帶。這種簡單且形象的方式能幫助我們學會如何與內在事件保持距離，從而減少過度思索（反芻）與情緒困擾。

壽司輸送帶比喻，是一個幫助我們改變與內在事件互動方式的技巧。學會這種方式後，我們可以選擇是否去「拿起」某些想法，而不再被它們牽著走。同時，我們也要明白：「不吃這碟壽司，我就不會受它影響（肚痛）。」

科學觀點：

壽司輸送帶比喻的核心理念：

1. 想法如壽司碟子

想像你的內在事件（例如想法、情緒、影像或衝動）就像壽司輸送帶上的壽司碟子，一個接著一個經過你的面前。

2. 選擇拿起還是讓它流走

你可以主動選擇是否拿起某一個壽司碟子，也可以選擇讓它繼續流走。即使同一個碟子（如重複的想法）反覆經過，我們仍然可以選擇任由它們出現存在。

3. 不食壽司碟子，怎會受影響？

每一個內在事件（壽司碟子）出現時，我們可以提醒自己：「如果我不吃這碟壽司，它又怎能令我肚痛呢？」這提醒我們，只有當我們選擇「拿起並食用」這些想法時，它們才會對我們產生影響。

4. 尊重內在事件的自然流動

壽司輸送帶上的壽司碟子並不需要我們每個都拿，內在事件同樣不需要每次都分析或反應。只須靜靜觀察它們，讓它們自然流動即可。

關於過度思索（反芻）：

心理學家 Adrian Wells 指出，思索與擔憂是所有情緒困擾者經常過度使用的思考策略。我們常不自覺地用它們來處理困難的想法與情緒。然而，這些「過度思索的習慣」並不能真正解決問題，反而可能加重壓力與焦慮。

壽司輸送帶比喻幫助我們學會選擇與內在事件保持健康的距離，避免陷入思索（反芻）的循環。

♥ 壽司輸送帶比喻的應用：

例子：小明的抑鬱情緒

小明最近感到情緒低落，腦海中不斷出現以下想法：

· 「我甚麼都做不好。」
· 「我是一個失敗者。」
· 「沒有人真正關心我。」

這些內在事件讓小明感到更加無助與自責，情緒陷入惡性循環，每天都難以集中精神，對任何事情提不起興趣。

運用壽司輸送帶比喻，小明可以這樣練習：

· 當這些負面想法出現時，想像它們是壽司輸送帶上的碟子，一盤接著一盤經過他的面前。
· 他可以選擇不「拿起」這些負面的壽司碟子，而是讓它們繼續流走。
· 即使這些想法反覆出現，他也可以提醒自己：
  - 「如果我不吃這個壽司，我又怎會受它影響？」
  - 「這只是一個想法，並不是真實的我。」

小明可以將注意力轉向當下的行動，例如出門散步、完成一件小事，或是與朋友聯繫，而不是被這些負面想法牽著走。

日常例子：

例子：阿晴的自責

阿晴在考試失敗後，腦海中不斷閃現這些內在事件：

- 想法：「我很沒用。」
- 影像：想像媽媽批評她的畫面。
- 情緒：強烈的內疚與悲傷。

阿晴可以將這些內在事件想像成壽司輸送帶上的碟子，告訴自己：

- 「這只是我的一個想法，它會自然流走。」
- 「如果我不吃這個壽司，它就不會影響到我。」

透過這種比喻練習，阿晴逐漸學會不再糾結於消極的內在事件，情緒也隨之穩定下來。

每日練習：

今日的功課是運用「壽司輸送帶」比喻，練習如何與內在事件保持距離：

1. 辨識內在事件：

- 當你感到情緒波動或困擾時，觀察腦海中出現的想法、情緒或影像，並將它們視為壽司輸送帶上的碟子。

2. 練習不拿起壽司碟子：

- 當某些內在事件吸引你的注意時，嘗試對自己說：「不吃這碟壽司，我又怎會受它影響（肚痛）？」

3. 記錄經驗：

- 在日記中記錄你的練習經驗，描述是否感覺情緒有所減輕，或是否能更專注於當下的行動。

請記住：

內在事件就像壽司輸送帶上的碟子，不需要每次都拿起它們。想法來來去去，學會選擇哪些值得關注，哪些應該讓它流走，就像在壽司輸送帶上選擇自己真正想吃的壽司一樣。這是一種主動的選擇，是減少情緒困擾的重要一步。

今日小語：

「想法如壽司碟子，經過就讓它過去，不需執著於每一碟子。靜觀其變，心自平靜。」

第八天「今日就行動」：體驗迴轉壽司輸送帶

今天加強將思緒比喻為迴轉壽司輸送帶的能力，學習用輕鬆的心態觀察自己的想法，讓它們自然地來來去去，而不執著於其中。

步驟：

1. 如果可以，走進一間迴轉壽司店，坐在輸送帶旁；如果不方便，也可以閉上眼睛，透過想像完成這個練習。
2. 把輸送帶上的每一盤壽司，想像成你腦海中的一個個想法：
    - 有些盤子可能是你熟悉的「情緒」，如焦慮或煩躁。
    - 有些盤子可能是隨機的「念頭」，如今天的待辦事項或過去的回憶。
3. 觀察它們：
    - 注意每盤壽司的形狀、顏色、內容和移動速度。
    - 不要試圖抓住任何一盤壽司，也不用試圖停止輸送帶的運行。
4. 如果發現自己不自覺地「伸手」抓住某盤壽司（即被某個想法吸引），溫柔地提醒自己：
    - 「這只是一盤壽司，讓它繼續流過吧。」

目標：透過這個練習，你會發現想法就像輸送帶上的壽司，它們會來來去去，而你不需要抓住每一個想法。學習保持觀察者的角度，讓你的內心更加平靜與自由。

—第 9 天—

內心想法的小標籤
——「元」信念

「元信念，就像壽司輸送帶上的標籤，告訴我們某些思維方式的『功效』，但這些標籤不一定是正確的！」

你對想法的想法，才是痛苦的來源。

☘ 今日學習：

今天，我們將進一步探索內在元認知的世界，揭開「元信念」（Metacognitive Beliefs）的面紗，並聚焦於其中的一種——正極 (+) 元信念。這些信念就像壽司輸送帶上的標籤，會影響我們是否選擇「拿起」某些思維模式。

甚麼是元信念？

元信念是我們對自己思維方式的信念，類似於我們內心的小標籤。例如：

· 「擔憂是有用的！」

· 「思索（反芻）能找到答案！」

· 「批評自己會讓我進步！」

這些標籤讓我們相信，某些思維方式是有幫助的、必要的，甚至必不可少。

正極 (+) 元信念是甚麼？

正極元信念是我們對某些思維方式的「有用性」評價。例如：

· 「擔憂能幫助我避免意外。」
· 「思索（反芻）能讓我變得更好。」
· 「不斷思考情緒才能理解自己。」

這些信念驅使我們不斷「拿起」這些思維方式，因為我們認為它們是功能性的，對我們有幫助的。

科學觀點：正極 (+) 元信念與壽司輸送帶

還記得第 6 至第 8 天我們學到的內在事件、分離靜觀與壽司輸送帶比喻嗎？我們提到：

· 每個想法就像壽司輸送帶上的壽司碟子，會一盤接一盤地經過我們的面前。
· 我們可以選擇「拿起」某些碟子，也可以選擇讓它們繼續流走。

現在，讓我們加入「元信念」這個元素：

正極 (+) 元信念就像壽司碟子上的標籤，告訴我們某些壽司（思維方式）是「特別有用」或「非吃不可」的。

例如：

- 有些標籤寫著：「這盤壽司能讓你更安全！」（擔憂的正極元信念）
- 有些標籤寫著：「這盤壽司能幫你找答案！」（反芻的正極元信念）
- 還有些標籤寫著：「這盤壽司能讓你變得更好！」（自我批評的正極元信念）

這些標籤可能會讓我們不假思索地拿起某些壽司碟子，因為我們相信它們是「好東西」。但問題是，這些標籤並不一定是正確的！

正極 (+) 元信念的影響

正極元信念如何影響我們？

這些「標籤」可能會讓我們過度使用某些思維模式，從而陷入情緒困擾的陷阱。例如：

1. 擔憂的正極元信念：
    - 標籤：「擔憂能讓我避免壞事發生。」
    - 結果：小明相信擔憂能幫助他更好地準備考試，於是他不斷擔憂每個細節，結果卻因為焦慮而睡不好，影響了表現。

2. 反芻的正極元信念：

· 標籤：「反芻能幫助我找到過去的問題所在。」
· 結果：小晴不停地回想自己在面試中的失誤，希望能找到原因，但事實上，她只是越想越自責，變得更加抑鬱。

3. 自我批評的正極元信念：

· 標籤：「批評自己能讓我進步。」
· 結果：小剛認為對自己嚴格要求是成功的關鍵，但過度的自我批評讓他感到無力，他的自尊心受到嚴重打擊。

日常例子：

例子：小敏的抑鬱情緒

小敏最近感到自己一無是處。她腦海中的正極元信念告訴她：

· 「如果我不停地回想失敗的經驗，我就能找到答案，避免再次犯錯。」
· 「如果我不批評自己，我就會懶惰，永遠不會改變。」

這些正極元信念讓小敏不停地思索（反芻）過去，並對自己進行嚴厲的批評。然而，這並沒有幫助她變得更好，反而讓她陷入抑鬱的深淵，對未來感到無望。

✎ 每日練習：反思你的「壽司標籤」

今日的功課是觀察並記錄你的正極 (+) 元信念，並嘗試重新評估它們的有效性：

1. 辨識你的正極元信念：

問問自己：

- 「我是否相信某些思維方式對我有幫助？」
- 「這些信念是否是我拿起某些『壽司碟子』的原因？」

2. 記錄你的發現：

在日記中寫下你的正極元信念，例如：

- 「擔憂能幫助我避免錯誤。」
- 「思索（反芻）能讓我學到教訓。」
- 「批評自己能讓我更努力。」

3. 重新評估這些標籤：

問問自己：

- 「這些思維方式真的帶來了好結果嗎？」
- 「它們是否也讓我感到疲憊或更抑鬱？」
- 「我是否可以選擇不相信這些標籤？」

請記住：

正極 (+) 元信念就像壽司碟子上的標籤，告訴我們哪些思維方式是「有用的」。但並不是每個標籤都是真實的，也不是每個標籤都值得我們相信。學會辨識與放下這些標籤，才能避免過度擔憂、反芻或自我批評，減少情緒困擾。

今日小語：

「壽司碟子的標籤，不一定是真實的價值；想法的標籤，也不一定是真實的你。學會選擇，讓心靈更自由。」

第九天「今日就行動」：探索壽司標籤的影響

將「正極 (+) 元信念」比喻為壽司輸送帶上的標籤的能力強化，學習辨識這些標籤如何影響我們的思維模式，並練習評估和放下不必要的標籤。

即使輸送帶上的某盤壽司有一個標籤「我是一碟很好吃的三文魚」，也不代表自己必須要吃它！

步驟：

1. 觀察標籤：

    - 想像自己正坐在迴轉壽司店的輸送帶旁，輸送帶上的每一盤壽司代表一個想法，正如第 8 天的行動計劃一樣，例如有些盤子上的壽司可能是你熟悉的「情緒」，如焦慮或煩躁。

- 有些盤子可能是隨機的「念頭」，如今天的待辦事項或過去的回憶。

這次行動注意放在壽司碟上的標籤（例如：三文魚／吞拿魚），它們代表你的正極 (+) 元信念，例如：

- 「擔憂能讓我更加安全。」
- 「反芻能幫助我找到答案。」
- 「批評自己能讓我更努力。」

注意這些標籤的內容，觀察它們如何影響你是否「選擇拿起」這些壽司（思維模式）。

2. 記錄標籤：

當你注意到某些標籤特別吸引你時，試著記錄下來：

- 這個標籤的內容是甚麼？
- 它讓你產生了甚麼樣的行為或情緒？

例如：

- 標籤：「擔憂能幫助我準備得更充分。」
- 行為：「我不斷重複準備，直到感到精疲力盡。」
- 情緒：「雖然準備了很多，但我仍然感到焦慮和不安。」

3. 評估標籤：

問問自己：

- 「這些標籤真的有幫助嗎？」
- 「它們是否讓我過度擔憂、反芻或自我批評？」
- 「我是否可以選擇不相信這些標籤？」

4. 練習放下標籤：

想像輸送帶上的某盤壽司有一個標籤。當你發現自己想要伸手拿起這盤壽司時，溫柔地對自己說：

- 「這只是個標籤，我不需要抓住它。」
- 即使是「我是一碟很好吃的三文魚」，也不代表自己必須要吃它。

看著這盤壽司繼續流過，練習不去執著於這些標籤的內容。

—第 10 天—

無法控制我的想法？
負極 (-) 元信念

「當我們以為自己無法控制思想時，
我們可能正受限於負極元信念的影響。」

不是思考抓住你，而是自己不知道能夠離開。

☘ 今日學習：

昨天，我們學習了正極 (+) 元信念如何影響我們的思維模式，這些信念讓我們相信某些思維方式是「有用的」。然而，當我們嘗試選擇不再執著於這些思維時，很多人卻會感到困難，甚至認為「我根本無法控制我的思想」。

這種無力感的背後，其實是另一種元信念在作祟——負極 (-) 元信念。今天，我們將探索這些信念以及如何辨識它們。

甚麼是負極 (-) 元信念？

負極元信念是我們對自己思維方式的兩種核心假設：

1. 無法控制思想的信念（失控性）：

    · 這種信念讓我們認為自己的思想無法控制，無法停止或遏制負面的、無用的或困擾的思維。

- 例如：「我停不下來！」、「我根本無法控制我的想法！」
- 當我們相信這種信念時，會感到無力，並讓這些思維加劇我們的焦慮和壓力。

2. 對內在事件持有危險和重要性的意義：

- 這種信念讓我們將內在事件賦予負面的意義或價值，認為它們是危險的、有害的或極其重要的。
- 例如：「我有這些想法，一定是我出了問題。」、「這些想法太可怕了，我必須找到答案！」
- 這種信念讓我們對自己的思維內容感到恐懼或煩惱，進一步強化了情緒困擾。

科學觀點：正極 (+) 與負極 (-) 元信念的連接

還記得第 9 天我們提到的「選擇」嗎？

當我們學會辨識正極 (+) 元信念後，可能開始意識到自己可以選擇是否「拿起」某些思維模式。然而，負極 (-) 元信念常常讓我們覺得自己無法選擇，因為：

- 我們相信「思想是失控的」（無法控制的信念）。
- 或者，我們相信「思想本身是危險的」（對內在事件的過度解釋）。

這些負極元信念就像壽司輸送帶上的警告標籤，例如：

- 「這盤壽司有毒，不拿起其他人就會有危險！」
- 「這盤壽司是關鍵，必須立即處理！」

這些標籤讓我們變得更加執著於無用的思維模式，甚至感到恐懼，進一步陷入思索（反芻）和擔憂的惡性循環。

負極 (-) 元信念的影響

以下是負極元信念如何影響我們的常見例子：

1. 無法控制思想的信念（失控性）：

   · 信念：「我無法停止擔憂，這會毀了我。」

   · 結果：小明最近對未來感到擔憂，他相信自己無法控制這些想法，於是開始害怕自己的思維，並嘗試用更多的擔憂來「解決問題」，結果讓他更加焦慮。

2. 對內在事件的過度解釋：

   · 信念：「我有這些消極想法，一定是我出了問題！」

   · 結果：小晴發現自己經常出現「我不值得被愛」的想法，因為她認為這些想法是危險的，於是開始思考它們的意義，並試圖「修正」自己，結果讓她感到更加抑鬱和無助。

日常例子：

例子：小敏的失控感

小敏最近覺得自己腦中充滿了負面的想法，例如：

- 「我永遠無法成功。」
- 「我就是個失敗者。」

她開始相信自己無法控制這些想法，並認為它們代表她的真實自我。她腦海中的負極元信念告訴她：

- 「如果我無法停止這些想法，我一定會崩潰！」
- 「這些想法證明我毫無價值！」

這些信念讓小敏更加執著於消極的內在事件，並陷入深深的自責與無助之中。

每日練習：辨識你的負極 (-) 元信念

今日的功課是觀察並記錄你的負極元信念，並嘗試挑戰它們的真實性：

1. 辨識你的負極元信念：

問問自己：

- 「我是否覺得自己的想法無法控制？」
- 「我是否認為某些想法是危險的或極其重要的？」

2. 記錄你的發現：

在日記中寫下你的負極元信念，例如：

- 「我無法停止這些想法，它們會毀了我。」
- 「這些想法證明我是一個失敗者。」

3. 挑戰這些信念：

問問自己：

- 「這些想法真的無法控制嗎？還是我只是相信它們無法控制？」
- 「這些想法真的那麼危險嗎？還是我只是賦予了它們過多的意義？」
- 「我是否可以嘗試讓這些想法像壽司碟子一樣流走？」

請記住：

負極 (-) 元信念讓我們覺得自己無法控制思想，或認為自己的想法是危險的。但事實是，想法本身並不可怕，我們可以選擇以不同的方式看待它們。學會辨識和挑戰這些信念，是減少情緒困擾的重要一步。

今日小語：

「想法就像壽司碟子，它們來來去去並不可怕。停止為它們貼上危險的標籤，你將發現更多的自由與平靜。」

第十天「今日就行動」：辨識你的負極 (-) 元信念

今天的行動目標是幫助你更清晰地識別和了解自己的負極 (-) 元信念，並通過一份常見負極元信念清單作為參考，進行自我反省。

步驟：

1. 了解負極 (-) 元信念：

負極元信念是你對自己思維的消極評價，這些信念通常會讓你感到害怕、無助或失去控制。

例如：

· 「我無法控制我的想法。」
· 「擔心會讓我崩潰。」
· 「我的想法是危險的，我必須控制它們。」

2. 參考清單：

如果你在識別自己的負極元信念時感到困難，可以參考以下常見的信念清單：

· 「我的思維讓我失控。」
· 「某些想法會導致壞事發生。」
· 「我應該永遠保持冷靜，否則我會出問題。」
· 「我的想法太混亂，我無法處理它們。」
· 「如果我不壓制這些想法，它們會毀了我。」

3. 自我反省：

在安靜的環境中，回想最近的情緒困擾事件。

問問自己：

- 「這些負極元信念清單中，我是否曾經有過哪一些？」
- 「這些負極元信念是否影響了我的行為或情緒？」

將你的發現記錄下來。例如：

- 信念：我無法控制我的想法。
- 行為：我反覆嘗試壓制自己的焦慮感，結果更加焦慮。
- 情緒：感覺無助和疲憊。

4. 重新評估信念：

問問自己：

- 「這些負極元信念真的正確嗎？」
- 「這些信念是否有實際的依據，還是僅僅是我的假設？」
- 「如果我選擇不相信這些信念，會發生甚麼？」

嘗試用更理性或中立的態度來看待這些信念，例如：

- 將「我無法控制我的想法」改為「我的想法雖然難以控制，但它們只是一部分的內心活動，無須害怕它們。」

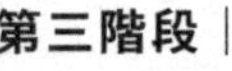

第三階段｜

Day 11–15

辨識壓力來源
×
揭開低落機制

—第 11 天—

讓抑鬱的「元信念」現形！分辨正極 (+) 與負極 (-)

「當我們選擇相信某些思維方式時，我們是否真的知道它們背後隱藏的信念？今天，我們將為抑鬱的元信念拆穿『假面具』！」

分辨正極與負極元信念，鬆開情緒的根。

☘ 今日學習：

在前兩天，我們學習了正極 (+) 與負極 (-) 元信念的基本特徵，並探討了它們如何影響我們的思維模式。然而，當這兩種信念特別針對抑鬱問題時，它們的影響更加深遠。

今天，我們將學習如何分辨這些信念——它們如何讓我們不斷陷入思索（反芻）與失控感之中，以及如何開始拆穿它們的『假面具』。

1. 分辨正極 (+) 與負極 (-) 元信念針對抑鬱的表現方式。
2. 理解這些信念如何共同影響我們的情緒與行為。
3. 練習辨識自己的正極與負極元信念，並學會挑戰它們。

科學觀點：甚麼是常見針對抑鬱的正極與負極元信念？

正極 (+) 元信念	負極 (-) 元信念
「思索／反芻將幫助我找到抑鬱的答案。」	「我的思緒無法控制。」
「專注於我有多糟糕的感受將告訴我何時改善。」	「感到抑鬱意味著我失去了理智。」
「分析我為甚麼孤單將幫助我改變。」	「我的思索／反芻是脆弱和不正常的。」
「如果我思考悲傷的原因，我就可以防止悲傷再次發生。」	「我有抑鬱『病』，我無法改變。」

正極 (+) 與負極 (-) 元信念如何共同影響我們？

1. 正極 (+) 元信念：思維方式的「有效性」

這些信念讓我們相信某些思維方式（例如反芻、擔憂、批評自己）對我們是有幫助的。例如：

- 「如果我不停地反芻為甚麼感到抑鬱，我就能找到答案。」
- 「專注於自己的失敗能幫助我變得更好。」

這種信念驅使我們不斷使用這些思維模式，然而，這些模式往往讓我們感到更加疲憊或無助。

2. 負極 (-) 元信念：思維的「失控性」與「危險性」

這些信念讓我們覺得自己的思維無法控制，或者將某些內在想法賦予過多的負面意義。例如：

- 「我無法停止這些想法，這證明我正在失控！」
- 「我有這些消極想法，代表我是一個有缺陷的人。」

這種信念讓我們感到恐懼，並進一步陷入思索（反芻）與焦慮的惡性循環。

正負交互的惡性循環：

- 正極 (+) 元信念：驅使我們過度思索（反芻），試圖「找到答案」。
- 負極 (-) 元信念：讓我們錯誤認為自己無法停止思索（反芻），並覺得這些思維代表危險或失控，進一步強化焦慮感。

日常例子：小敏的思維陷阱

小敏最近感到抑鬱，並陷入以下思維模式：

1. 正極 (+) 元信念：
   - 小敏相信：「如果我不停地思索為甚麼感到抑鬱，我就能找到解決的方法。」
   - 這讓她不斷回想過去的失敗經歷，試圖找出原因。

2. 負極 (-) 元信念：

- 同時，小敏也認為：「這些想法證明我出了問題，我一定是有缺陷的。」
- 她感到無法控制自己的思緒，並開始害怕抑鬱會永遠伴隨她。

結果：小敏的正極元信念讓她陷入反芻，而負極元信念則讓她感到無助與恐懼。這兩種信念共同作用，讓她的抑鬱情緒更加嚴重。

每日練習：辨識你的正極與負極元信念

步驟一：觀察你的正極 (+) 元信念

問問自己：

- 「我是否相信某些思維方式能幫助我解決問題？」
- 「例如，反芻、擔憂或批評自己是否真的帶來了好處？」

記錄你的正極元信念，例子：

- 「如果我不停地思索為甚麼感到抑鬱，我就能找到解決的方法。」
- 「專注於我的失敗，能幫助我變得更好。」

步驟二：觀察你的負極 (-) 元信念

問問自己：

- 「我是否覺得自己無法控制某些想法？」
- 「我是否將這些想法賦予了過多的意義或危險性？」

記錄你的負極元信念，例子：

「我有這些消極想法，便代表我是一個毫無價值的人。」

步驟 3：初步挑戰這些元信念

問問自己：

- 「這些信念是否有證據支持？」
- 「它們是否讓我感到更好，還是更糟？」
- 「我是否可以嘗試不相信它們？」

請記住：

- 正極 (+) 元信念：讓我們相信某些思維方式是有用的，但它們可能讓我們陷入思索（反芻）。
- 負極 (-) 元信念：讓我們感到失控或恐懼，進一步加深情緒困擾。

學會辨識這兩種信念，並挑戰它們，是我們從抑鬱中突破的一大步！

今日小語：

「思維信念（元信念）就像戴在想法上的面具，當你識別它們並將面具取下，你會發現自己的內心比想像中更強大。」

第十一天「今日就行動」：建立元信念調整工具箱：

- 記錄元信念：列出經常出現在自己身上的正極 (+) 與負極 (-) 元信念。例如：
  - 正極元信念：「我必須思索，才能從挫折中學會成長。」
  - 負極元信念：「我無法應對不確定性。」
- 挑戰證據：找出與這些元信念相反的證據，檢視這些信念的真實性。例如：「雖然我覺得自己無法應對不確定性，但過去的經驗顯示，我其實在困難時刻能找到解決方案，並成功渡過挑戰。」
- 重新評估：重新評估這些元信念對自己的影響，並檢視它們是否過於僵化或不必要。例如：「即使我害怕不確定性，我仍然可以相信自己有能力適應環境變化，這對我的成長更有幫助。」

—第 12 天—

揭開抑鬱的「原爆點」！——認識觸發性想法（Trigger Thought）

「情緒的背後，總有一個瞬間的閃念在引發它的一連串反應。
今天，我們將學習如何識別這些——觸發性想法，
這是消除抑鬱情緒的第一步！」

找到觸發你低落的關鍵想法

☘ 今日學習：

甚麼是觸發性想法（Trigger Thought）？

觸發性想法，顧名思義，是一種能「引爆」我們情緒反應的思維。這些想法往往快速、隱藏，甚至難以察覺，但它們卻是我們負面情緒的主要驅動力。

觸發性想法的特徵：

1. 短暫且迅速：

- 它們通常一閃而過，出現在潛意識中，在我們意識到之前就已經影響了情緒。

2. 具有強烈影響力：

- 看似微不足道，但能引發強烈的情緒波動，例如抑鬱、焦慮或自責。

3. 與情緒密切相關：

每次情緒波動的背後，幾乎都藏著一個觸發性想法，例如：

- 「我永遠不會成功！」導致沮喪。
- 「我一定會搞砸！」引發焦慮。

科學觀點：為甚麼識別觸發性想法是消除抑鬱的第一步？

理解觸發性想法是擺脫抑鬱情緒的基礎，原因包括：

1. 它們是情緒的根源

- 情緒反應並非憑空產生，而是由「觸發性想法」啟動，進而受到「元信念」驅動。
  - 觸發性想法：是情緒的「源起點」，是最初的那個念頭。
  - 元信念：是深層的「根」，驅使我們以固定（CAS）方式解釋觸發性想法，影響行為和情緒。
- 這些因素共同作用，引發認知注意綜合症（CAS）的壞過程（如過度反芻或擔憂）。
- 識別觸發性想法，等於找到了情緒的「啟動點」，是改變的第一步。

2. 抑鬱中的觸發性想法會啟動 CAS 的壞過程

- 抑鬱患者的觸發性想法常啟動過度思索程序，形成「負面連鎖」，例如：
  - 觸發性想法：「我失敗了。」
  - ➡「我一直都很差勁。」➡「我永遠無法改善。」➡「我的人生毫無希望。」
- 這樣的過程深化負面情緒、延長痛苦，讓患者更難從抑鬱中脫困。

核心概念小結：

1. 觸發性想法：情緒的「源起點」，而非隨機產生。
2. 元信念：深層驅動力，影響我們如何解釋觸發性想法。
3. CAS（認知注意綜合症）：由觸發性想法與元信念引發的壞過程，包括反覆思索與擔憂、威脅監控及無效應對方式。

學會識別並觀察觸發性想法，是阻止 CAS 壞過程的第一步，也是擺脫抑鬱的關鍵行動！

日常例子：觸發性想法如何引發抑鬱情緒？

例子 1：小明的沮喪感

場景：小明在工作中收到主管的負面反饋，感到沮喪甚至想放棄。

觸發性想法：

· 「我的能力真的很差。」
· 「我永遠不會被認可。」

反芻思維的延伸：

1. 「我的能力真的很差。」

 ➡「我是不是根本不適合這份工作？」
 ➡「我做甚麼都不會成功。」
 ➡「其他同事一定也覺得我很差。」
 ➡「我是不是應該直接辭職？」

2. 「我永遠不會被認可。」

 ➡「主管根本不喜歡我。」
 ➡「我再努力也沒用，因為沒人會看到我的價值。」
 ➡「我這輩子可能就這樣了，毫無希望。」

結果：小明的思索（反芻）思維讓他陷入更深的自我懷疑和無助感，甚至可能採取消極行動（如放棄工作）。

例子 2：小晴的孤單感

場景：小晴在社交場合中被忽略，感到孤單和不被需要。

觸發性想法：

· 「沒有人真的在乎我。」
· 「我是個無法被愛的人。」

思索（反芻）思維的延伸：

1. 「沒有人真的在乎我。」

➡「朋友們可能只是在敷衍我。」
➡「如果我消失了，會不會沒有人發現？」
➡「我是不是對別人而言毫無價值？」
➡「我可能永遠都會是這樣孤單。」

2. 「我是個無法被愛的人。」

➡「我是不是哪裡不好，才會被忽略？」
➡「是不是我太無聊了，沒人想跟我在一起？」
➡「我就算努力改變，也不會有人喜歡我。」
➡「我註定一輩子孤單。」

結果：小晴的反芻思維讓她的孤單感加深，可能導致她避開社交活動，甚至對人際關係失去希望。

✎ 每日練習：辨識你的觸發性想法

練習一：回顧情緒波動並辨識觸發性想法

1. 回顧近期的情緒波動：

問問自己：

· 「今天我有沒有突然感到不開心、焦慮或生氣？」
· 「這些情緒是甚麼時候開始的？」

2. 尋找觸發性想法：

問問自己：

- 「在那個瞬間，我腦海中閃過了甚麼想法？」
- 「這些想法是否與我的情緒有關？」

3. 記錄觸發性想法：

例子：

- 情緒：感到沮喪
- 觸發性想法：「我不值得被愛。」

練習二：「自由聯想」提升「元」覺察力

1. 準備階段：

找一位協助者，自己安靜地坐下，放鬆並進入觀察狀態。

2. 自由聯想過程：

協助者：隨機唸出七至八個毫無關聯的物件名稱，例如：

- 「蘋果」、「原子筆」、「海灘」、「芝士」、「圍牆」、「太陽」、「乒乓球桌」、「玻璃瓶」
- 每個物件之間停頓 5 秒，讓自己觀察內在反應。

3. 觀察內在事件：

以「被動的觀察者」角色，純粹觀察腦海中的想法、記憶、感覺或衝動：

- 想法：「這讓我想起小時候的生日派對。」
- 感覺：「我感到輕鬆。」
- 記憶：「我想到了某次假期旅行。」
- 慾望／衝動：「我突然很想打電話給一位朋友。」或「我有點想吃甜食。」

每日小提醒：

- 不須控制或改變內在事件，純粹觀察即可。
- 保持「旁觀者」角色，避免被想法牽著走。
- 熟練後，可進階至與具體問題相關的自由聯想練習（如物質濫用）。

今日小語：

「情緒的背後，總有一個閃念在推動它。找到那個閃念，你就能找到改變的力量。」

第十二天「今日就行動」：情緒日記的延伸

在進行情緒日記的同時，通常會記錄一個或多個觸發情緒的事件。然而，除了記錄這些外在事件之外，還需要詳細記錄引發情緒的內在想法。這需要清楚區分外在事件與內在事件：

- 外在事件：指客觀發生的事情，例如「考試失利」或「與朋友爭吵」。
- 內在事件：指我們對外在事件的主觀解讀和反應，其在腦海中出現的想法、情緒、影像或者衝動。

雖然外在事件通常會影響我們出現內在事件，但內在事件對我們的情緒影響更為關鍵，更準確來說，我們對內在事件的應對模式，才會最直接影響情緒反應，也決定了抑鬱是否會發生。

行動建議：

- 在情緒日記中，除了記錄外在事件之外，更需要詳細記錄內在想法，特別是情緒的「原爆點」或觸發性想法。
- 問自己：我的第一個想法是甚麼？（例如：「我失敗了，我不夠好。」）

—第 13 天—

揭開情緒低落的秘密

「情緒低落時，別只埋頭沉溺，看看這本書，是甚麼思緒模式困住了自己？」

情緒不是敵人，而是提醒你需要改變的訊號。

☘ 今日學習：

今天的目標是學習如何在「情緒低落的時刻」檢視自己的思維模式，並開始了解元認知治療模型（抑鬱）的核心運作機制。特別是要辨識引起低落情緒的CAS模式，包括過度思索（反芻思考）背後的元信念。這些模式往往導致情緒困境持續不斷。

「反芻思考」是情緒低落 CAS 模式的核心特徵，指的是一種難以控制、反覆圍繞個人問題展開的思考方式。這種模式讓自己不斷聚焦於自身的感受與情境，特別是回顧過去的事件或資訊，試圖分析「為甚麼會這樣」？然而，它通常無法帶來有效的解決方案，反而會讓情緒更加低落，進一步引發無助感與行為上的停滯。

透過辨識這些思維運作的時刻，自己可以更清晰地看見負面情緒的起源，並開始有意識地打破 CAS 的負面循環，從而改善情緒狀態。

元認知情緒調節圖表｜反芻思維篇

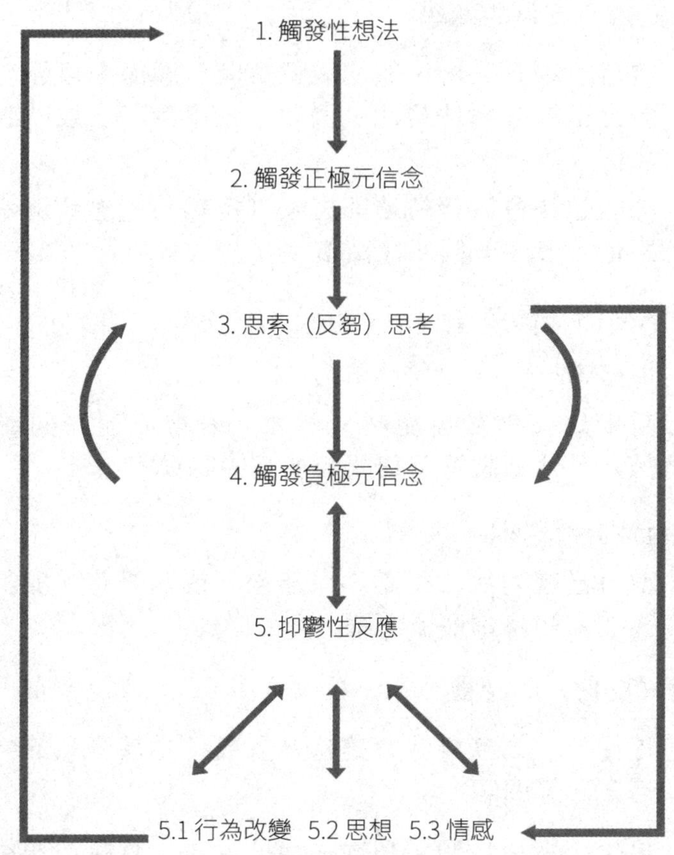

在接下來的三天內，自己將完成這份「元認知情緒調節圖表（反芻思維篇）」。今天的任務是完成第 1、第 3 及第 5 部分！

科學觀點：（反芻）思考如何影響情緒？

1. 情緒低落與反芻的關聯

    · 當自己感到悲傷、無助或低落時，腦海中可能充滿了關於自己的批判性想法，例如「我不夠好」或「我的情況無法改善」。

    · 這些想法會觸發持續的思索（反芻），導致情緒進一步惡化，形成一個惡性循環。

2. 影響情緒的「標誌性時刻」

    · 情緒轉折點（Affect Shift）：

      當情緒突然變得更糟（例如，變得淚流滿面或極度低落），這通常是反芻開始加劇的時候。

    · 行為停滯期：

      當自己感到無法行動、只能坐著或躺著時，反芻思考往往在這些時刻最為活躍。

3. 思索（反芻）的特徵

    · 專注於「為甚麼我會這樣？」或「為甚麼我的情況這麼糟？」等問題。

    · 思維內容以批判、消極或無助為主，且難以找到建設性的解決方案。

自我察覺：是否陷入反芻思考？

- 最近是否感到情緒突然變得更糟，甚至淚流滿面？
- 是否經常發現自己處於「甚麼都不做，只是沉浸在自己的感受和情況中」的狀態？
- 在日常活動中，腦海是否充滿了關於自己或情況的負面想法？

如果這些情況經常發生，可能代表自己正受到反芻思考的影響。

抑鬱的維持和加劇，往往是由反芻思考與無益的反應模式所引發。典型的觸發因素包括關於自我、未來或世界的負面想法，或感到疲憊、缺乏動力或悲傷等症狀。

日常例子：思索（反芻）如何影響生活？

例子 1：小明的情緒轉折點

場景：小明最近經歷了一次職場失敗，感到自己能力不足。

反芻的開始：

- 觸發性想法：「為甚麼我總是做不好？」
- 延續思考：「我可能永遠無法達到別人的期待。」

情緒影響：感到更加悲傷和無助，甚至在一個下午突然淚流滿面。

行為影響：變得被動，無法集中精力完成其他工作。

例子 2：小晴的行為停滯

場景：小晴在週末感到孤單，坐在沙發上甚麼也沒做。

反芻的開始：

- 觸發性想法：「為甚麼沒有人關心我？」
- 延續思考：「我可能一輩子都這麼孤單。」

情緒影響：感到更加抑鬱，完全失去動力。

行為影響：整天待在沙發上，甚至不願出門散步或聯繫朋友。

✎ 每日功課：元認知情緒調節圖表——填上第 1、第 3 與第 5 部分！

檢視並理解自己的情緒模式，逐步打破反芻思考的負面循環。

● 第 1 部分：回想一個最近的例子

- 回想最近一次發現自己陷入反覆思索、情緒低落的情境。
- 那個時刻是甚麼時候？發生了甚麼事情？
- 是哪一個負面想法最初觸發了自己開始反芻思考？

◆ 請在圖表第 1 部分，簡單記錄初始的負面想法（觸發性想法）。

● 第 3 部分：追蹤思緒的連鎖反應

- 當自己出現那個初始負面想法時，接下來又想了甚麼？
- 思緒是如何延續下去的？
- 又冒出了哪些批判性、無助感或自責的想法？

請一邊回想，一邊用簡短句子記錄，並持續問自己：「接著我又想了甚麼？」

最後，簡單估計一下：

- 自己大約在這種思緒中停留了多久？

◆ 請將這些內容填在圖表第 3 部分——思索（反芻）思考。

● 第 5 部分：觀察情緒與行為的變化

當自己陷入這樣的思考過程時，請試著回答以下問題：

- 當時自己的情緒有甚麼變化？（例如：變得更加悲傷、焦慮、無助）
- 自己的抑鬱感有甚麼變化？（例如：變得更嚴重？更沉重？）
- 最後，自己停留在哪些想法上？
- 這整個過程對自己的行為有甚麼影響？（例如：變得無力、行動停滯、逃避）

請根據這些問題，在圖表第 5 部分——抑鬱性反應，簡單記錄自己的觀察。

請記住：

反芻思考讓自己誤以為正在解決問題，但事實上，它只會讓情緒更糟。

學會辨識並中斷這些思維模式，是改變的第一步。

今日小語：

「情緒低落時，別害怕停下來問問自己：『我剛剛想了甚麼？』這個問題，可能就是改變的起點。」

第十三天「今日就行動」：緝捕反芻思維

在進行情緒日記的同時，可以進一步分析過去兩週的記錄，尋找是否存在一些重複性的思維模式。這些思維可能包含思索和反芻，而它們與情緒低落之間的關係值得我們深入探討。

行動建議：

- 回顧記錄：仔細閱讀過去兩個星期的情緒日記，注意有哪些思維頻繁出現。例如，是否經常出現「我不夠好」、「我總是失敗」這類負面想法？
- 識別思索與反芻：將這些反覆出現的思索（持續分析問題）和反芻（重複回想過去事件）標記出來。使用同一種顏色的筆將它們圈起來，以便清楚辨識。
- 追溯情緒根源：這些重複性思維與情緒低落之間可能存在聯繫。問自己：

- 這些思維是在甚麼情境下出現的？
- 它們是如何影響我的情緒的？
- 這些反芻思維是否合理，還是僅僅是一種習慣性反應？

· 提醒自己：標記這些重複性思維可以作為提醒，幫助我們意識到它們（反芻思維）的存在，並有意識地中斷這些模式，避免進一步陷入情緒低落。

—第 14 天—

停止不了的思緒，背後藏著甚麼？

「思緒停不下來時，不只是情緒的問題，還有自己對思緒的信念在影響著自己。」

當你越想逃避，腦袋反而更吵。

今日學習：

昨天已經開始回顧了反芻思考的內容與連鎖反應。今天要更進一步，探索一個更深層但關鍵的部分：負極元信念（Negative Meta-beliefs）。

還記得在第 10 天學習過的負極元信念嗎？

負極元信念指的是，自己對思維方式所持有的兩種核心假設：

1. 無法控制思想的信念（失控性）

2. 對內在事件賦予危險性與重要性的意義

也就是說，負極元信念是自己被「想法」欺騙了，錯誤地以為不能不對它展開分析。

有些時候，正是這些信念，讓自己無法停止反覆思索，讓情緒困境持續加深。

這些信念會讓自己相信，自己的思考和情緒症狀是失控的、是疾病的一部分。

也因此，自己常常陷入持續的反芻思考與無益的因應行為中，感覺好像無論做甚麼都無法真正改變現狀。

今天，自己將繼續完成這份「元認知情緒調節圖表（反芻思維篇）」。

任務是：完成第 4 部分——找出情緒低落時觸發自己的負極元信念！

科學觀點：反芻思考背後的負極元信念是甚麼？

研究發現，當人陷入反芻思考時，通常會受到兩類負極元信念的影響：

1. 關於思考的無助感

- 「我根本無法停止這種思考。」
- 「我的思緒是失控的。」
- 「我對自己的心智和情緒完全失去了控制。」
- 「我的大腦出了問題，我已經不是原來的自己了。」
- 「我正在失控，因為我的腦袋生病了。」
- 「停止反芻是不可能的。」

這類信念讓自己覺得，思緒完全不受掌控，反芻是無法避免的，自己只能被情緒牽著走。

2. 對症狀的悲觀信念

- 「我的抑鬱是生理性的，無法改變。」
- 「我之所以會這樣，是因為我本身有缺陷。」
- 「無論我怎麼努力，都無法改善自己的情緒。」
- 「我唯一能做的，就是等待，希望它自己好起來。」

這類信念讓自己認為，情緒困境是無法靠自己的力量改變的，只能被動忍受。

這些負極元信念會讓自己深信：

❎ 反芻是無法停止的

❎ 抑鬱是一種無法改變的生理疾病

❎ 自己本身是有缺陷的

也因此，反芻思考和無效的因應方式會持續存在，讓情緒更加低落。

每日功課：元認知情緒調節圖表——填寫第 4 部分！

今天，請透過以下問題，探索自己在反芻思考中，可能出現的負極元信念。

第 4 部分：觸發負極元信念

當自己陷入反覆思索時，請問自己：

- 自己是否覺得反芻思考是無法停止的？（例如：「我停不下來」、「我控制不了我的思緒」）
- 你是否相信自己無法改變目前的情緒或症狀？（例如：「即使努力也沒用」、「這是生理上的，改變不了」）
- 你認為自己的抑鬱是主要由生理因素還是心理因素造成的？
- 在這些信念出現的時候，自己的情緒和行為有甚麼變化？

◆ 請根據這些問題，將自己觀察到的元信念內容，填在圖表第 4 部分。

小提醒：

- 不需要「正確答案」，重要的是誠實觀察自己的內心信念。
- 這些負極元信念並不是絕對的事實，而是可以被發現、理解，並逐步修正的。

今日小語：

「當自己能夠看見隱藏在情緒背後的負極元信念時，改變就已經開始了。」

第十四天「今日就行動」：將元認知情緒調節圖表應用於日常生活

今天，我們將把「每日功課：元認知情緒調節圖表」的第4部分運用到日常生活中，幫助自己在實際情境中辨識和調整負極元信念，從而改善情緒和行為。

行動建議：

1. 觀察自己在日常情境中的反芻思考

    · 在日常生活中，留意自己是否陷入反芻思考，特別是在面對壓力或困難時。

    · 問自己：

        - 我現在是否反覆思考某個問題或情境？
        - 這些思考是否讓我感到情緒低落或更焦慮？

2. 即時辨識負極元信念

    · 當發現自己在反芻時，嘗試辨識背後的負極元信念。例如：

        - 「我停不下來，這種情緒永遠都不會消失。」
        - 「無論我怎麼努力，都無法改善自己的情緒。」

將這些負極元信念在當下記錄下來，可以使用手機或隨身筆記本。

3. 挑戰負極元信念

- 問自己：
  - 這些信念有沒有證據支持？是否過於極端？示例：「雖然我覺得停不下來，但過去我曾嘗試深呼吸或轉移注意力，結果是有效的。」
  - 有沒有其他更理性或積極的方式來看待這些情況？示例：「雖然現在感覺很難受，但這只是一段時間的情緒反應，不會持續永遠。」

4. 應用元認知情緒調節圖表

將今天觀察到的情緒、反芻思考和負極元信念記錄在圖表的第 4 部分中：

- 觸發負極元信念的情境
- 反芻思考的內容
- 負極元信念的表現
- 情緒和行為的變化

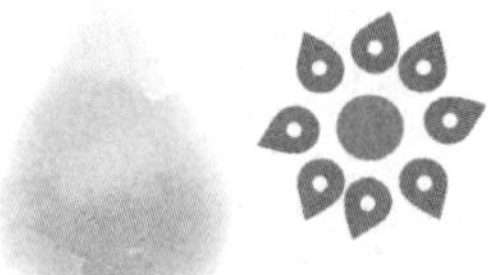

—第 15 天—

為甚麼我停不下來？探索反芻思考背後的「好」意

「有時，讓自己停不下來的，不只是恐懼，
還有對『思索』本身的期待與希望。」

反芻思考背後，其實藏著「好意」。

今日學習：

過去兩天，你已經開始探索反芻思考及背後的負極元信念。

今天，我們要認識另一個同樣重要，但常被忽略的部分：正極元信念（Positive Meta-beliefs）。

正極元信念指的是，自己對「持續思考」或「反覆分析情緒」所抱持的正面看法。

例如：

- 「多想一點，才能找到問題的原因。」
- 「仔細分析情緒，才有機會防止更嚴重的低潮。」
- 「持續關注自己的情緒變化，才能及早應對抑鬱發作。」
- 「保持一點悲傷，比從快樂墜下來要安全。」

這些信念讓自己相信，不停地反思、監控情緒，是一種保護自己的方式。

因此，當自己感覺疲憊、低落、失去動力時，內在會啟動這些正極元信念，鼓勵自己持續反芻，試圖找出原因，避免錯誤，或保護自己不受更大的傷害。

然而，科學研究指出：

雖然這些正極元信念出發點是為了自我保護，但它們卻會讓自己陷入持續的反芻與情緒監控，反而延長並加劇抑鬱情緒。尤其在抑鬱初期，這種循環特別容易形成，讓自己越陷越深。

今天，將繼續完成「元認知情緒調節圖表（反芻思維篇）」。

任務是：完成第 2 部分——找出情緒低落時觸發自己的正極元信念！

💡 科學觀點：反芻思考背後的正極元信念是甚麼？

研究發現，當人長時間陷入反芻思考時，常常是因為內心相信：

- 反覆分析可以幫助自己釐清問題。
- 深入挖掘情緒可以促進自我成長。
- 不停思考是責任感的表現，代表自己在努力面對問題。
- 如果不多想，可能忽略了某些重要的線索或警號。

這些正極元信念，雖然出發點是希望自己更好，但往往卻讓自己無法適時停止無效的思考循環，反而使抑鬱和焦慮的情緒加劇。

每日功課：元認知情緒調節圖表——填寫第 2 部分！

今天，請透過以下問題，探索自己在反芻思考中，可能出現的正極元信念。

● 元認知情緒調節圖表（反芻思維篇）第 2 部分：觸發正極元信念

當自己陷入反覆思索時，請問自己：

- 自己是否相信，多想一點就能找到更好的解答？
- 自己是否覺得，仔細分析情緒可以幫助自己成長或療癒？
- 自己是否擔心，如果停止思考，可能會錯過重要的線索？
- 在這些正極元信念出現的時候，自己的情緒和行為有甚麼變化？

◆ 請根據這些問題，將自己觀察到的元信念內容，填在圖表第 2 部分。

請記住：

- 正極元信念的出發點通常是善意的，不需要責怪自己。
- 重要的是看見：並不是每一次反覆思考都能帶來真正的幫助。
- 學會適時停下來，才是真正的自我照顧。

今日小語：

「有時候，真正的智慧，不是『想得更多』，而是『知道甚麼時候可以停下來』。」

第十五天「今日就行動」：發現反芻思考背後的正極元信念

在過去的學習中，我們已經深入探索了反芻思考及其背後的負極元信念。然而，反芻思考並不僅僅由負面的信念驅動，它背後還可能藏著一些被忽略的正極元信念。

這些正極元信念，讓我們相信持續的反思、情緒監控或深入挖掘情緒，是一種保護自己的方式。然而，科學研究指出，雖然這些信念的出發點可能是好的，但它們往往會讓我們陷入無效的思考循環，延長並加劇情緒低落的狀態。

行動建議：將正極元信念融入情緒日記

1. 回顧情緒日記

仔細檢視過去兩週的記錄，找出那些讓自己陷入反芻思考的情境和觸發點。

- 問自己：
  - 是否有正極元信念在推動這些反芻思考？
  - 這些正極元信念是如何影響我的情緒和行為的？

2. 辨識正極元信念

當自己陷入反芻思考時，嘗試回答以下問題：

- 我是否相信，多想一點就能找到更好的解答？
- 我是否覺得，仔細分析情緒可以幫助自己成長或療癒？
- 我是否擔心，如果停止思考，可能會錯過重要的線索？
- 在情緒日記中，記錄這些正極元信念，並標示出它們與反芻思考的關聯。

3. 標記正極元信念

使用特定顏色（如藍色或綠色）將正極元信念在日記中圈出，提醒自己它們的存在和影響。例如：

- 正極元信念：「多想一點，才能避免錯誤。」
- 標記方式：用藍色筆標記，並註明這是一種正向的出發點，但未必是有效的方法。

4. 反思正極元信念的效果

- 問自己：
  - 這些正極元信念是否真的幫助我解決問題？
  - 它們是否反而讓我無法適時停止思考，延長了情緒低落的時間？

當發現這些信念並沒有實際幫助時，嘗試用以下方式自我調節：

- 提醒自己：「適時停下來，不代表我放棄，而是為了更好地照顧自己。」
- 採取行動：將注意力轉移到其他活動上，例如散步、冥想或與朋友聊天。

第四階段｜

Day 16–20

破解反芻 × 改寫「元」信念

—第 16 天—

為甚麼越想越糟？

「最新一代心理治療理論提出：問題不在於思緒本身，
而在於我們對待思緒的方式。」

解開情緒困境背後的隱形機制

☘ 今日學習：

昨天，你學會了辨識反芻思考背後的正極元信念。

今天，我們要進一步學習，用新的方式理解：當自己情緒低落時，思考過程與情緒調節之間的機制是如何運作的。這樣的學習目標，是為了在第 21 天時，幫助自己建立一張更清晰的內在情緒調節心理藍圖。

而今天的社會化練習（Socialization），則是要讓你開始發現：自己長期以來的情緒低落，很可能是因為啟用了抑鬱版 CAS 應對模式，這正是第 13 至 15 天所填寫的「元認知情緒調節圖表（反芻思維篇）」中所描述的內容。

透過這樣的理解，我們可以開始看見：

· 為甚麼反芻思考會讓情緒困境惡化？
· 為甚麼「想更多」反而讓人陷得更深？
· 如何開始從反芻思考中抽離？
· 更重要的是，自己整體上是如何習慣性地調節情緒的？

一個常用的比喻是：「挖洞比喻（Digging a hole）」。

可以這麼想：

「如果你掉進一個坑洞裡，拚命往下挖，能救自己出來嗎？還是只會讓自己陷得更深？」

反芻思考就像是試圖用挖洞來逃脫，結果卻只讓自己陷得更深。

每一次試圖「想清楚」、「找答案」，反而把自己帶到更加痛苦、更加無力的地方。

✔ 重要提醒：請回顧並運用「元認知情緒調節圖表（反芻思維篇）」

在過去第 13、14、15 天，自己已經完成了：

· 第 1 部分：觸發性想法（情緒觸發與反應的起始想法）
· 第 2 部分：觸發（正）極元信念

- 第 3 部分：反芻思考模式
- 第 4 部分：觸發（負）極元信念
- 第 5 部分：抑鬱性反應（情緒惡化循環的描述）

這些內容組成了完整的「元認知情緒調節圖表（反芻思維篇）」。

◆ 今天進行社會化練習時，請務必搭配你在第 13–15 天所寫的內容！

請拿出並仔細閱讀自己的圖表，並在今天的練習中：

- 直接引用自己寫下的經驗。
- 以真實資料為基礎，進行深入反思。
- 嘗試從整體模式的角度，理解自己情緒困境的成因。

這樣做，能幫助你更清晰地看見——是哪些思考模式、元認知信念和行為，讓自己陷入了思索（反芻）與情緒惡化的循環。

科學觀點：反芻思考是如何「餵養」抑鬱情緒的？

研究發現，抑鬱情緒之所以被持續並加劇，很大程度是因為：

➡ 出現負面想法或情緒（如疲倦、悲傷）。

➡ 啟動了正極元信念，認為必須持續思考、找出原因。

➡ 於是陷入反芻思考與情緒監控，讓情緒惡化、問題堆積、行動力下降。

➡ 進而讓自己有更多時間空轉在負面思考中，惡性循環不斷擴大。

反芻不但無法真正解決問題，還會強化自己對自我與未來的負面看法，讓情緒越來越沉重，行動力越來越下降。

✎ 每日功課：結合自己「元認知情緒調節圖表（反芻思維篇）」的內容，進行社會化提問練習。

透過我們已經描繪出的「元認知情緒調節圖表（反芻思維篇）」，可以看見一些重要的線索，幫助我們理解情緒困境的成因。特別是，我們可以開始看見：是甚麼在餵養抑鬱情緒，使它持續下去。

其中一個關鍵因素，是自己傾向於反覆思索、沉溺於負面想法與情緒。這種思考模式被稱為「反芻思考（Rumination）」。自己可能抱持著某些信念，認為必須透過反芻，才能理解或解決自己的經驗。然而，你對這個過程本身的運作常常缺乏覺察，也對是否能控制這種思考感到懷疑。

另一個讓情緒惡化的因素，是行為上的變化。抑鬱通常伴隨著活動量減少，這會引發更多問題：當生活中的困難堆積，閒暇時間變多時，反芻思考也變得更加嚴重。

了解這些模式，是改變的開始。

現在，請先參考以下的「元認知情緒調節圖表（反芻思維篇）」例子，了解如何透過社會化提問，幫助自己看清情緒低落時，元認知情緒調節過程是如何運作的。

元認知情緒調節圖表｜反芻思維篇例子

1. 觸發性想法

「我做甚麼也做不好！」（失敗感、無能感）

2. 觸發正極元信念

「我必須思索（反芻思考），思考並檢討出我為甚麼那麼失敗，這樣才有可能改善。」

3. 思索（反芻）思考

「我做甚麼也做不好！」→「我這次考駕駛執照又不合格了！」→「是不是我根本沒有能力？是不是其他事情也一樣會失敗？」（一連串負面連鎖思考）

4. 觸發負極元信念

「我雖然越想越痛苦，但我無法停止去想。」
（相信自己無法控制思考，陷入無力感。）

5. 抑鬱性反應

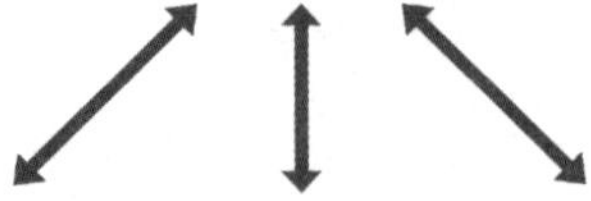

5.1 行為改變

開始逃避練習考駕駛執照，不想再報名考試，減少社交和活動。

5.2 思想

不斷出現「我沒救了」、「我甚麼都做不好」等自我否定想法。

5.3 情感

感到更加沮喪、絕望、自責，情緒沉重無力。

以下是社會化提問示範，請跟著範例一起練習。

◆ 1. 最近一次陷入反芻思考是甚麼時候？（參考例子圖表第 1 部分——觸發性想法）

範例回答：

→ 當我考駕駛執照又不合格的時候，我開始反覆想著「我做甚麼也做不好」。

◆ 2. 當時，我想要解決甚麼問題或情緒？（參考例子圖表第 2 部分——觸發正極元信念）

範例回答：

→ 我想透過思考找出自己為甚麼失敗，檢討出問題，希望藉此讓自己進步，不再失敗。

◆ 3. 我已經反芻了多久？這段時間反芻有真的解決問題嗎？

範例回答：

→ 我反芻了好幾天，每天都在想自己的失敗，但並沒有找到真正的原因，也沒有覺得自己有變得更好，反而越來越否定自己。

◆ 4. 如果反芻有幫助，那麼我應該已經感覺好多了，對嗎？（參考例子圖表第 5 部分——抑鬱性反應）

範例回答：

→ 沒有。我反而感覺比剛開始時更沮喪、無助，情緒越來越低落。

◆ 5. 既然我相信反芻能讓我好起來，如果我反芻得更多，是不是就會馬上變好？我相信這個想法到甚麼程度？（參考例子圖表第 4 部分——觸發負極元信念）

範例回答：

→ 理性上，我知道一直想下去並不一定能找到答案，但情感上，我還是覺得「如果不努力想，就會一直失敗」，所以很難停止。

◆ 6. 為甚麼我努力反芻卻仍然感覺糟糕？這種思考方式真的有幫助嗎？（參考例子圖表第 3 部分——思索（反芻）思考、第 5 部分——抑鬱性反應）

範例回答：

→ 因為反芻讓我不斷重複「我做甚麼都會失敗」的想法，沒有看到其他可能性。這種思考方式只是讓我情緒惡化，行動力降低，並沒有真正幫助我改變。

◆ 7. 反芻是一種平衡、公正的看待事情的方法嗎？還是讓我越來越偏向悲觀？（參考例子圖表第 3 部分——反芻思考）

範例回答：

→ 反芻讓我只看到自己的失敗，無法看到自己努力的地方或少少的進步，讓我變得極度悲觀和自責。

◆ 8. 當我暫時分心、不再反芻時，我的悲傷有甚麼變化？這告訴了我甚麼？

範例回答：

→ 當我去做其他事情，比如看影片、散步時，我的情緒會稍微緩和，不再那麼沉重。這讓我意識到，情緒其實可以自然減輕，不需要靠不停思考來改善。

→ 接著，請拿出你自己的圖表，親自進行一次社會化提問練習，深入看清自己的抑鬱版 CAS 應對模式！另外，也可以運用以下的【反芻思考經驗回顧表】，幫助自己集中了解自己的反芻思考。

【反芻思考經驗回顧表】

問題	我的回答
1. 最近一次陷入反芻思考是甚麼時候？	
2. 當時我想解決的是甚麼問題或情緒？	
3. 反芻思考持續了多久？	
4. 這段思考最終有幫助我找到答案或讓我感覺更好嗎？	
5. 如果沒有，持續反芻帶來了哪些副作用？（例如：疲憊、焦慮、低落）	
6. 當我停止反芻、轉移注意力後，情緒有甚麼變化？	

◆ **問問自己：**

- 「如果我不再被反芻困住，我希望自己能用甚麼新的方式與情緒相處？」
- 「我可以嘗試甚麼新的方式來調節情緒，而不是依靠反芻？」

小提示：

- 在日常情緒低落時，可以重複運用「元認知情緒調節圖表（反芻思維篇）」，依照第13至15天的操作方式，然後搭配今天每日功課中的社會化提問，參考範例來解讀自己的情緒調節機制。
- 可以每天回顧一次，慢慢累積出屬於自己的情緒調節心理藍圖。
- 未來這張藍圖，會成為未來轉變自己的重要基礎。

小提醒：

- 今天的目標，不是壓抑情緒，而是開始看清，當自己情緒低落時，反芻思考與整體情緒調節方式是如何真實運作的。
- 這將是一個溫柔而有力量的開始：從「被思緒困住」，到「開始看見思緒的影響」，進而「意識到CAS應對模式對自己的傷害」。

今日小語：

「不是每一個思緒，都值得你用生命去追隨。」

「有時候，最好的選擇，是停下來，靜靜地，看著它流過。」

第十六天「今日就行動」：解開情緒困境的隱形機制

今天，我們將透過過去幾天完成的「元認知情緒調節圖表（反芻思維篇）」，深入探索情緒低落背後的運作模式，特別是反芻思考對情緒困境的影響。

· 反芻思考的隱喻：挖洞

當我們情緒低落時，反芻思考就像「挖洞」——試圖通過不斷思考來找到答案，但實際上，這只會讓洞越挖越深，讓情緒更加沉重和難以逃脫。

今日功課：完成社會化提問練習

請結合你在「元認知情緒調節圖表（反芻思維篇）」中填寫的內容，完成社會化提問練習，以幫助自己看清反芻思考與情緒困境之間的關聯，並逐步從這些模式中抽離。

現在就開始吧！

—第 17 天—

啟動改變的動機
——從矛盾中找回力量

「跌進水裡，不會讓人淹死。長期待在水中，才會。
有誰從未反覆思索過呢？重要的是，能夠看穿這些思維策略，
早一點游向水面——永遠不嫌晚。」

從內在矛盾中，找回行動的力量。

今日學習：

在改變的過程中，我們可能會發現，內心對於「真的要走出情緒困境」並不是完全一致的。

有些時候，我們一部分想要變好，另一部分卻覺得自己應該受懲罰，或者害怕改變帶來的未知。

這種矛盾感很常見，特別是當我們：

- 把抑鬱當成自己應得的懲罰。
- 或者個性上習慣用過度分析的方式面對情緒和問題。

此外，我們的行為模式也在不知不覺中強化了抑鬱：

- 反芻思考（不斷想同一件事）
- 減少日常活動
- 逃避社交與互動

這些行為雖然當下看似保護自己，但長期來看，卻讓情緒低落與無力感更加深。

今天，我們要學習如何看清並面對這種內在矛盾。

不是用批判或壓抑的方式，而是透過提問，建立一種新的理解與動力。

同時，我們也要注意到，低動機與絕望感往往來自某些根深蒂固的信念，比如：

- 「我的情況無法改變。」
- 「我的情緒和思考是無法控制的。」

這些信念如果不被挑戰，就會讓我們陷在反芻和無行動之中，進一步抹殺了改變的機會。

今日重點：

- 激發認知失調：覺察內在矛盾，打開改變的空間。
- 挑戰絕望感：學習用行動而不是反芻來回應消極思考。
- 打破負極元信念：重新認識自己掌控改變的潛力。

記住，你不需要馬上完全有動力。只要開始理解自己的矛盾，就是一個真正的前進。

每日功課：啟動動機的社會化提問練習

1. 先參考以下範例，了解如何透過提問激發改變動機：

舉例提問：

- 「我認為自己應該受懲罰。這樣的懲罰，真的符合我所犯的錯誤嗎？」
- 「如果一直懲罰自己，我會因此變得更好嗎？」
- 「我覺得反芻思考有幫助。但如果它不可控，且我很少察覺到，這樣真的有幫助嗎？」
- 「我認為問題無法改變。這個想法，我有實際去檢驗過嗎？」
- 「如果我選擇行動，而不是反芻，我可能會看到甚麼樣的新可能？」

2. 個人練習：

- 請拿出你的「元認知情緒調節圖表（反芻思維篇）」。
- 找出一個你最常出現的負極元信念或情緒困境。
- 針對它，進行至少 3 ～ 5 個社會化提問。
- 嘗試用這些提問，打開對改變的新理解。

3. 反思紀錄：

請花幾分鐘，寫下今天的簡短反思：

- 今天我意識到的內在矛盾是甚麼？
- 這些矛盾對我的情緒困境有甚麼影響？
- 現在的我，是否可以嘗試一個小小的不同選擇？

✦ 小提示：

- 不需要急著「馬上變得有動力」。
- 只要開始提問與理解自己，你已經在改變的路上了。
- 一步一步，很溫柔地來。

今日小語：

「勇氣，不是從沒有矛盾中誕生的，而是在矛盾中，依然願意試著前進。」

「快樂，不是單靠思考得來的，而是從每一個小小行動中，慢慢長出來的。」

第十七天「今日就行動」：啟動小小行動

1. 覺察自己的行為模式

今天，請花一些時間，反思下列問題：

- 在我情緒低落或感到無力時，我是否會：
  - 不斷反芻同樣的想法？
  - 減少日常活動（如不想起床、不想外出、不做原本喜歡的事）？
  - 逃避與他人的互動（如拒絕邀約、減少聯繫家人朋友）？

請在日記中，列出最近一週內，你出現這些行為的具體例子。

2. 問自己幾個重要的問題

針對你列出的每一個行為，請進行以下提問：

· 「這個行為，當下帶給我甚麼感覺？」
· 「它真的有幫助我減輕抑鬱或痛苦嗎？」
· 「長期來看，這個行為讓我的情緒變得更好還是更糟？」
· 「如果我選擇做一件小小不同的事，可能會有甚麼不一樣？」

◆ 請把你的回答記錄下來，不用批評自己，只是溫柔地觀察。

3. 小小行動挑戰

在今天，請嘗試選擇一個微小行動來打破舊有模式，例如：

· 起床後，做一件簡單的小事（如：整理床鋪、泡一杯熱茶）。
· 主動傳個訊息給一位信任的人，哪怕只是一句「嗨～」。

◆ 重點不是做得多完美，而是讓自己經驗到：我可以有新的選擇。

4. 今日小反思

最後，請用幾句話寫下今天的感受：

· 我今天覺察到哪些行為模式？
· 小小行動帶給我甚麼感覺？
· 我學到甚麼關於自己和情緒的新事情？

✦ **小提示：**

- 不需要急著改變一切，任何改變都從一個小小的不同選擇開始。
- 即使今天只是多走了一步路、多傳了一條訊息，這也是在逆轉舊模式的力量。
- 用溫柔的方式陪伴自己，慢慢前進。

—第 18 天—

讓思緒「借過」，不再糾纏。

「當我們學會不與思緒纏鬥，它便失去了控制我們的力量。」

停止不是壓下，而是選擇不參與。

☘ 今日學習：

運用「分離靜觀」與「反芻延後」，打破反芻的惡性循環。

今天，我們將學習如何應對那些誘發反芻的觸發點（Triggers for Rumination）。方法包括兩部分：

1. 分離靜觀（Detached Mindfulness）：學習並養成以一種觀察的態度來對待那些可能引發反芻的想法或情緒，而不嘗試啟動分析。

2. 反芻延後（Rumination Postponement）：當負面思緒出現時，選擇先不處理它，將它「延後」到特定的時間段，並限制自己只在那段已延後的時間內進行反芻。

這兩種方法的目標是幫助你在面對負面觸發點時，停止昔日習慣了的反芻，從而減少情緒困擾並恢復對生活的掌控。

💡 科學觀點：

分離靜觀與反芻延後的應用：

- 分離靜觀：這是一種心理技巧，幫助你對負面思緒保持一種觀察但不投入的態度。關鍵在於允許負面想法存在，但不試圖壓抑、迴避或深究。還記得第 7 天和第 8 天提到的壽司輸送帶嗎？就像看著壽司一盤盤經過，你只需要靜靜地觀察，而不是抓起每一盤來分析或干預。同樣，負面思緒也可以像壽司那樣被「看見」，但不用深入參與其中。
- 反芻延後策略：當負面觸發點出現時，將反芻的行為「延後」到一天中的一個特定時間段（例如晚上 7:00 到 7:15）。如果到了那個時間，你仍然覺得有必要反芻，可以 (1)：允許自己在這段時間內（不多於 15 分鐘）專注於這些思緒。但通常到了這個時間，你可能發現這些思緒已經不再那麼重要，於是選擇 (2)：不用拿起再反芻。最緊要是自己作出一個決定！

這種方法的背後有兩個核心效果：

1. 打破反芻鎖鏈：它幫助你改變壞習慣——「一有反芻的慾望就立刻陷入深思、不能自拔」的壞習慣。這並非完全不處理反芻，而是允許自己延後處理，給自己喘息的空間。

2. 重建控制感：反芻延後策略能有效對抗因「負極」元信念帶來的失控感。透過這個過程，我們會逐漸發現，其實自己是可以選擇何時啟動或不啟動反芻的。

有位朋友曾這樣形容這種方法：「這就像一杯熱茶，太熱時我選擇等待一小時讓它稍涼。等到那時候，也許它已經太涼了，我選擇不喝；又或者溫度剛好，我就花 15 分鐘慢慢享用它。」這種等待的過程，讓我們能更冷靜地評估是否有必要繼續「飲用」這些思緒，從而避免被負面情緒牽著走。

需要注意的是，這些方法的核心並不是壓抑或消除負面思緒，而是建立習慣對它保持距離，不嘗試啟動分析。你會發現，這些負面想法只是腦海中短暫出現的東西——某年某月某分某秒，它們曾經出現過而已。這樣的練習能幫助你減少這些想法對你的影響。

啟發：

甚麼是需要分離靜觀的反芻觸發點？

- 當你注意到某個負面想法或情緒反覆出現，並導致你持續深陷其中時。
- 例如，你可能因為一件小事（如同事的一句話）開始懷疑自己的能力，並不斷檢討自己是否犯了錯。
- 或者，你在面對一個挑戰時，內心的自我批評聲音變得特別強烈，讓你無法專注於眼前的事情。

當這些情境出現時，便是練習分離靜觀與反芻延後的好時機。

日常例子：

例子：小張的未來焦慮

小張最近因為工作壓力，經常擔心：「如果這個專案搞砸了怎麼辦？」每次想到這裡，他都開始反覆分析：「我是不是應該多做點準備？」「如果被上司批評怎麼辦？」這種持續的反芻讓他無法好好休息，甚至影響了專案進度。

在應用了分離靜觀的同時，小張也嘗試反芻延後：

- 當這些負面想法出現時，他對自己說：「這是一個負面想法。我現在不處理它，也不會去分析它。」
- 他允許這些想法存在，但不試圖壓抑或深究。
- 然後，他設置了一個反芻時間：「如果這件事真的還讓我困擾，我會在晚上 7:00 到 7:10 之間處理它。」

結果到了晚上，他發現自己已經不再需要反芻，反而專注於更有建設性的工作。

每日功課：

應用分離靜觀與反芻延後：

1. 辨識觸發點：今天留意有哪些想法或情緒會引發你的反芻，記錄下來。例如：「當我想到 X 時，我開始不斷分析它。」

2. 對觸發點應用分離靜觀：面對負面思緒時，回想第 7 天和第 8 天提到的壽司輸送帶的比喻。將自己不想要的想法視為輸送帶上的壽司，對自己說：「這是一個負面想法，我選擇不與它糾纏。」像看著壽司經過一樣，允許這些思緒存在，但不要去「抓取」它們，也不要深入分析或評價它們。

如果發現自己不小心「抓起了壽司」，即深陷於某個想法中，無須自責。輕輕提醒自己：「讓它回到輸送帶上吧。」然後繼續觀察，讓思緒自然流動。這樣的體驗能幫助你學會以更平靜的方式應對觸發點。

3. 設定反芻時間：挑選一天中的某個時間段（例如晚上 7:00 到 7:15），允許自己在那段時間內有條件地進行反芻。如果到了那個時間，你發現自己已經不再需要反芻，可以直接放下這些思緒，專注於其他更有價值的事情。

   在等待預設時間到來的過程中，可以選擇做一些實務性的事情，例如清理家裡的地面、整理電腦資料庫等。這些活動不僅能幫助你轉移注意力，還能帶來成就感，讓你的心情更加平穩。同時，記得多運用分離靜觀的技巧，將負面思緒視為輸送帶上的「壽司」，讓它們自然流過，而不急於抓取或處理。

4. 反思與記錄：晚上檢視今天的練習，記錄觸發點是如何處理的，以及你的感受是否有所改善。

請記住：

分離靜觀不是要壓抑你的想法，而是選擇不讓它們控制你的行動和情緒。

負面思緒的出現是正常的，但我們可以學習如何與它和平共處，讓它不再對你產生過度的影響。

今日小語：

「負面思緒如同天上的雲朵，它們會飄過，但不會永遠停留。學會讓它們『借過』，你的內心將更加自由。」

第十八天「今日就行動」：與負面思緒和平共處

今天，我們將學習如何運用分離靜觀與反芻延後的技巧，幫助自己以更平靜的方式應對負面思緒，減少它們對情緒與行動的影響。

請務必好好完成今天的「每日功課」，並將這個技巧融入你的日常。一個好的習慣需要重複 21 次，從今天開始，為自己的內心自由與平靜奠定基礎吧！

—第 19 天—

挑戰「反芻不可控」的信念

「當你相信自己無能為力，試試回頭看看那些你曾經成功控制的時刻。」

當你相信可以停止，你就開始自由了。

今日學習：

今天的重點是挑戰並改變「反芻不可控」這一負極元認知信念。這種信念可能讓我們感到無助，甚至阻礙我們採取有效的行動來管理情緒與思緒。然而，這種信念並不一定是事實；它有可能只是我們尚未嘗試新方法或未找到有效策略的結果。

回顧第 14 天，我們通過「元認知情緒調節圖表（反芻思維篇）」找出了自己的負極元認知信念。今天的目標是進一步檢視這些信念是否成立，並學習如何用證據與方法來改變它們，讓我們更有信心掌控自己的思緒。

科學觀點：改變「反芻不可控」的信念

在元認知心理學中，改變負極元認知信念的第一步是運用語言方法，從證據和邏輯上挑戰這種信念。以下是幾個實用的步驟：

1. 檢視證據與反證據：

- 將支持「反芻不可控」的證據列出來，然後嘗試重新解釋。例如：如果覺得自己的抑鬱情緒證明反芻不可控，可以反思：這可能是因為過去使用了不適當的應對策略（如停滯、不作為或過度反芻），而非反芻真的不可控。

2. 找出控制的證據：

- 如果你曾成功實施過前一天的「反芻延後」策略，這就是一個很好的證據，表明反芻其實是可以被控制的。
- 問問自己：「如果反芻真的是完全不可控的，那它為甚麼有時會停止？」

3. 測試控制的可能性：

- 試著有意識地增加或減少反芻。如果發現自己可以增加反芻，那麼這就說明反芻是受控的。
- 區分「控制信念」與「控制經驗」：許多人不相信反芻可控，可能只是因為他們從未嘗試過控制它，而不是它真的不可控。

4. 引導反思與轉變：

- 問自己：「如果我在反芻時遇到緊急情況（例如需要立刻處理的事情），我的反芻會怎麼樣？」這種情境可以幫助你發現，反芻是可以被中斷的，進一步證明它是可控的。

啟發：負極信念的跡象

如果你有以下想法或行為，可能是「反芻不可控」信念的表現：

- 「我總是控制不住自己的思緒。」
- 「只要開始反芻，我就無法讓它停止。」
- 「我的情緒問題證明了我無法控制自己。」

但請記住，這些想法並不等於事實。它們只是你對自己能力的一種主觀感受。

日常例子：

小美經常陷入反芻，認為：「我的抑鬱情緒證明我無法控制自己的思緒。」她對此深信不疑，直到有一天，她的孩子因突發健康問題需要立刻處理。小美在那一刻全心專注於孩子的健康，反芻瞬間停止。

這次經驗讓小美意識到，原來反芻並非完全不可控。隨後，她開始嘗試設置反芻延後時間，並逐漸減少了反芻的頻率。這些成功的嘗試進一步證明了她的思緒是可以被管理的，從而促使她挑戰自己的負極元信念。

每日功課：挑戰「反芻不可控」的信念

1. 檢視證據與反證據

請回想：我是否有過成功停止反芻的經驗？

- 例如在緊急情況（如處理突發事件、工作壓力）下，是否自然停止了反芻？
- 使用過延遲反芻的技巧（如：「我等一下再想這件事」）是否有效果？

請記錄（具體經驗）如下：

- 例如今天早上我因為趕車，暫停了對昨晚爭執的反芻，直到車上才又想起來。

2. 挑戰核心信念的問題

試著回答以下問題，幫助自己看見思維的漏洞：

- 「如果反芻是完全不可控的，那它為甚麼有時會停止？」
- 「當我遇到緊急情況時，我的反芻發生了甚麼變化？」
- 「我對反芻不可控的信念，是不是因為我很少嘗試去控制？」

思考筆記：也許我過去只是習慣讓反芻自然發生，並沒有真的嘗試控制過。

3. 「聽電話」實驗：打斷反芻的真實例子

請回想或想像這樣的情境：

- 當你正在反芻時，有人打電話來（例如朋友或家人），你會接聽嗎？

- 接電話後，反芻還在持續嗎？還是被「暫時打斷／擱置」了？
- 這個中斷／擱置是誰做出的選擇？

即使通話後又回到反芻，那是否也是一種選擇？

- 例如今天中午我在想「我是不是做得不夠好」，當時陷入了反芻的情緒。這時朋友剛好打來，我接了電話並聊了 10 分鐘。聊完後，我才意識到自己已完全忘記剛才在反芻的內容。這很明顯地說明：我當下其實是選擇了暫停或擱置反芻，而不是被動地讓它持續發生。這是一個具體的證據，證明反芻是可以被打斷、可以被選擇的。

4. 記錄挑戰結果

每天完成後，請回答並記錄以下問題：

- 今天我是否成功挑戰了「反芻不可控」的信念？
  - ✔ 是／✖ 否
- 有哪些新證據顯示反芻是可控的？
- 今天我學到了甚麼？我下一次會怎麼做？

請記住：

「反芻不可控」只是一種信念，而非客觀事實。缺乏控制經驗並不等於不可控，這只是因為我們尚未嘗試或找到合適的方法。每一次挑戰都會讓我們更接近掌控自己的思緒。

今日小語：

「思緒如流水，雖然看似無法掌控，但你手中握有開啟閘門的鑰匙。學會使用它，你將找到內心的平靜。」

第十九天「今日就行動」：探索反芻的停止之道

以下是簡化後的行動計劃，幫助你今天挑戰「反芻不可控」的信念，並輕鬆開始實踐：

1. 簡單回想：過去的成功經驗

行動：花三分鐘，回想一下：你是否曾經在某些情況下成功停止了反芻？例如：趕時間、接電話、朋友找你聊天時，反芻是否被自然打斷？

- 例子：「昨天我在反芻時，因為朋友來訪，我不得不停止，後來就沒有回到那個思緒裡。」

2. 小實驗：測試反芻是否可控

行動：當你感覺自己開始反芻時，嘗試做以下事情來測試：

- 深呼吸三次，對自己說：「我選擇讓思緒暫時停下。」
- 設置 15 分鐘的定時器，告訴自己：「我晚點再想這件事。」
- 做一件簡單的轉移行動，例如：
  1. 播放一首喜歡的音樂。
  2. 清理桌面或整理一個小區域。
  3. 與家人或朋友說一句話（哪怕只是問候）。

3. 小行動：記錄一天中的反芻觸發點

行動：使用紙筆或手機記事本，記錄今天讓你陷入反芻的觸發點，並觀察它們是如何被打斷的：

記錄模板：

· 觸發點：「早上想到昨天的會議表現。」
· 反芻被打斷的方式：「收到電話後，反芻暫停了。」

4. 晚上反思：找到新的證據

行動：晚上花幾分鐘，回答以下簡單問題：

· 「今天甚麼時候我的反芻停止了？」
· 「是甚麼幫助我打斷了反芻？」
· 「這是否證明反芻是可控的？」

✨ **重點提示：**

· 每一步都簡單可行，不需要太多時間或精力。
· 只要實踐一次這些行動，你就能找到證據，證明反芻是可以被管理的。

—第 20 天—

「是腦海暴走，還是我選擇開啟？」

「不是你無法停止反芻，而是你尚未發現自己其實可以選擇。」

關掉思想的自動導航，重新握回方向盤。

☘ 今日學習：

今天我們將進行一項重要的元認知實驗：親身證明反芻是可以調節的。

許多人深信「我無法控制我的反芻」，而這種信念，使他們更被動地陷入反覆思考之中。

但這真的是事實嗎？今天，我們將用實驗來觀察和驗證這個信念是否正確。

科學觀點：

在元認知治療中，反芻不可控的信念被視為維持抑鬱與焦慮的核心障礙之一。

研究發現，人們往往沒有真正嘗試過有意識地中斷反芻，就已經下定論：「我控制不了它」。這形成一種自我驗證的迴圈：

1. 發生引發事件（Trigger）
2. 啟動反芻（自動化）
3. 沒有中斷→加深「不可控」信念
4. 信念強化→增加未來反芻發生機率

透過反芻調節實驗（Rumination Modulation Experiment），我們可以親自體驗並觀察：

· 自己能否啟動反芻；
· 又能否在指令下暫停反芻，進入分離靜觀狀態；
· 並進一步挑戰「反芻是無法控制的」這個信念。

反芻不可控的信念指標：

· 「我一開始反芻就停不下來。」
· 「我的腦袋一旦轉起來就停不了。」
· 「我不選擇去想，是腦子自動轉的。」
· 「我嘗試過，但一點用都沒有。」

這些語句背後的共同假設是：反芻是外在強加的，而非自己選擇的行為。

日常例子：

今天中午我又在反芻「我是不是做得不夠好」，陷入熟悉的懷疑與自責中。正好朋友打來電話，我接起來聊了 10 分鐘。掛電話後，我完全忘了剛才在想甚麼。

這說明我在某個時刻選擇了轉移注意力，而不是被動地被反芻控制。

雖然稍後反芻可能又回來，但那依然是我可以選擇要不要進入的狀態。

每日功課：反芻調節實驗

今天我們要進行一項實驗，來觀察並挑戰「反芻不可控」的信念。

實驗步驟：

1. 選擇一個近期常引發反芻的主題。

   例：「我是不是讓大家失望了？」

2. 讓自己刻意地開始反芻這個主題一分鐘。

   問自己熟悉的問題，如：「為甚麼我會這樣？」、「我怎麼還是沒改變？」

3. 一分鐘後，對自己說：「讓心靜下來。」

   嘗試停止反芻，不壓抑念頭，但讓思緒自然流動，不主動聚焦問題。

4. 觀察自己能否停止主動思考，進入靜觀狀態。

5. 如有需要，可再嘗試第二輪，並在這一輪中試圖加強反芻，再嘗試暫停。

記錄觀察：

· 我是否成功啟動反芻？
· 我是否能依照指令暫停它？
· 我的控制感是甚麼樣的？
· 這是否動搖了我原本的信念：「反芻是無法控制的」？

請記住：

我不是反芻的受害者。我是思緒的觀察者與調節者。

反芻不是自動駕駛，而是自己可以選擇是否啟動與暫停的「心理活動」。

今日小語：

「有些信念不是因為真實，而是因為我們從未質疑過它。」

「今天，請你用行動去質疑『反芻不可控』這句話，然後看看，是否你的心，也能靜靜地聽從你的召喚。」

第二十天「今日就行動」：測試思緒控制力

今天除了進行每日功課：反芻調節實驗之外，請找一位親人，讓他 / 她也做一次反芻調節實驗。透過觀察別人的體驗，進一步驗證「反芻是否可控」，同時挑戰「反芻不可控」的信念。

第五階段

Day 21-25

鬆開控制 × 重拾選擇權

—第 21 天—

反芻真的幫過你嗎？

「也許你不是真的需要反芻，只是你一直相信它有用。」

當「用力想」變成一種痛苦的習慣

☘ 今日學習：

昨天我們進行了反芻調節實驗，開始動搖「反芻不可控」的信念。

今天，我們進一步探索：是甚麼讓你每次都選擇進入反芻？

許多時候，我們不是因為被動無助才反芻，而是主動選擇了這種思考方式。這背後有一個常見的信念系統，我們稱為：正極元信念。

例如：

· 「我必須反芻，不然事情會失控。」
· 「反芻可以幫我想清楚問題。」
· 「如果我不一直想，我就會錯過重要的訊息。」

這些信念，表面上看是理性的、負責任的，但實際上，它們可能是反芻持續發生的心理燃料。今天，我們要開始挑戰這些「看起來好像有用」的信念。

科學觀點：

在元認知治療中，正極元信念被視為驅動反芻的主要動機來源。

這些信念不是情緒化的衝動，而是看似理性的假設或計劃，例如：

- 「我需要透過反芻來處理我的情緒。」
- 「我不反芻就會變得冷漠、逃避。」
- 「反芻雖然痛苦，但它讓我更了解自己。」

這些信念可能來自過去某些短暫有效的經驗，但隨著時間，它們變成「不加質疑的認知習慣」。

元認知治療的重點是：不否定你的問題，而是幫助你找到更有效的處理「想法」的方式。

常見的正極元信念警號：

- 你經常對自己說：「我不想想也不行啊！」
- 你害怕如果不反芻，問題會變得更糟。
- 即使知道反芻讓你更焦慮，但還是覺得「我必須想」。
- 你認為停止思考，是一種「逃避」。

日常例子：

例子：小敏的故事

小敏總覺得自己在職場上不夠好。她常說：「我必須每天回顧自己哪裡做得不好，這樣我才會成長。」

但實際上，她的「回顧」常常變成批判：「為甚麼我又講錯話？同事會怎麼看我？」這讓她每晚都焦慮難眠。

當她被問到：「如果反芻真的有幫助，為甚麼你還是這麼苦？」她才開始懷疑，自己一直以來所相信的「反芻可以幫助我變得更好」，可能不是唯一的選項。

每日功課：挑戰正極元信念

今天的練習包含元認知對話＋思考實驗，目的是動搖「反芻有幫助」這個信念。

1. 優缺點分析（Advantages - Disadvantages）

請列出你目前對反芻的「好處」與「壞處」：

反芻的好處 （我相信它有用的地方）	反芻的壞處 （實際的代價）

接著，請問自己：

- 我真的無法用其他方式達到這些「好處」嗎？
- 是否有別的方法可以讓我面對問題，又不會陷入反芻？
- 有沒有證據顯示反芻其實無法帶來真正的解決？

2. 問自己幾個關鍵問題：

   - 如果反芻那麼有用，我為甚麼還在困住？
   - 我反芻這麼多次，有哪一次真的幫我找到明確答案？
   - 我每次反芻的終點是甚麼？我知道甚麼時候「夠了」嗎？
   - 我能不能用「聚焦行動」或「書寫整理」來取代反芻？

3. 行為實驗：反芻日 vs 非反芻日

   接下來兩天，請進行一個行為實驗：

   - Day 1：允許自己反芻（當情緒出現時，讓思緒自然進入反芻）
   - Day 2：禁止反芻（當情緒出現時，改用書寫、冥想、或行動代替）

   每天記錄：

   - 我的情緒變化如何？
   - 問題是否真的被解決？
   - 哪一天我感覺比較有力量？

請記住：

你不是要「否定自己想清楚的願望」，而是要發現更有效、更不痛苦的方式去思考與面對。

你不是停止思考，而是停止一種讓你越想越困的思考方式。

今日小語：

「你值得擁有的是清晰的思考，而不是折磨自己的思考。願你今天開始，用更溫柔、更有效的方式，與你的問題共處。」

第二十一天「今日就行動」：平衡利弊法

在紙上畫一個天秤：

左邊：寫下反芻帶來的好處，例如：

- 讓我感覺自己在努力解決問題。
- 幫助我更深入思考問題的原因。
- 給予我一種掌控感。

右邊：寫下反芻帶來的壞處，例如：

- 讓我感到情緒低落或焦慮。
- 耗費大量時間，卻沒有實際的解決方案。
- 影響我的睡眠或專注力。

觀察結果：

· 哪一邊較重？

· 這是否幫助你重新看待反芻的影響？

✦ 目標：透過視覺化的方法，清楚了解反芻的利弊，幫助自己更有意識地選擇是否繼續反芻。

—第 22 天—

你今天「檢查自己」了嗎？

「持續監測風暴，不會讓天氣變好，只會讓你忘了看見陽光。」

建立自我觀察的快樂儀式

今日學習：

昨天，我們挑戰了讓你主動選擇反芻的正極元信念。

今天，我們要探討另一個常與反芻並行發生的隱蔽模式：威脅監控（Threat Monitoring）。

這是一種習慣性、但不易察覺的內在行為模式，像是一種「心理掃描」，持續地檢查自己是否「正常」、「有沒有恢復」、「是不是又要發作」。

例如：

- 醒來時立刻檢查：「我今天是不是又感到空虛？」
- 每小時注意：「我腦袋是不是又變模糊了？」

· 不斷觀察情緒：「我是不是沒好轉？是不是又要崩潰了？」

這些行為看似是自我關照，實際上卻可能是抑鬱維持的關鍵機制之一。

今天，我們要學會辨認、質疑並終止這種內在掃描的習慣，讓我們不再無意識地強化「我很脆弱」、「我還沒好」的信念。

科學觀點：

在元認知治療（MCT）中，威脅監控被視為一種不適當的注意力處理策略。

這種策略讓人建立起「情緒＝危險訊號」的認知，進而強化對「症狀」的過度關注。

這種「檢查自己的症狀來判斷是否能應付」的習慣，其實會：

· 增加對情緒的敏感度（過度注意）
· 放大負面感覺（情緒過濾器）
· 引發自動反芻（思考啟動器）
· 建立錯誤信念（如：「只要感到空虛，我就甚麼都做不了。」）

最關鍵的是——這些檢查行為，從未真正幫助你變好。

常見的威脅監控訊號：

· 「我每天早上都會檢查自己情緒，決定今天能不能應付工作。」

- 「我會觀察自己是不是還在感覺像以前那樣『糊糊的』。」
- 「我會試著感受自己是不是『正常』。」
- 「我會不停注意自己有沒有悲傷感、疲倦感、焦慮感。」

日常例子：

例子：小雅的早晨習慣

小雅每天醒來的第一件事，就是檢查自己「是不是還有那種空虛感」。

如果她感覺有，即使只是模糊的，她就會說服自己：「我今天應該休息，不然會撐不住。」

但她後來發現，留在床上不但沒有改善情緒，反而增加了自責與反芻。

她開始學習：不要讓情緒決定行動，而是用行動來引導情緒的走向。

每日功課：停止檢查，開始生活。

今天的練習分為兩個部分：覺察＋實驗

1. 覺察：你常檢查甚麼？

請寫下你最常檢查的「內在狀態」有哪些？

我常檢查的項目	我怎麼檢查？	檢查之後會怎麼做？

接著問自己：

- 這些「檢查」真的幫助我做出更好的選擇嗎？
- 它們讓我更穩定，還是更焦慮？
- 如果我不檢查，最糟會發生甚麼？真的那麼可怕嗎？

2. 實驗：今天禁止「內在掃描」

請選擇一天中你最常檢查自己的時間段（如起床後、午餐前、工作開始前），試著這樣做：

- 不主動檢查情緒或思緒狀態。
- 當注意力開始內轉時，轉向外在行動（如走路、洗臉、整理環境）。
- 對自己說一句提醒話：「我不需要證明我今天好不好，我只要先開始。」

實驗記錄：

- 我是否自動想要檢查自己？
- 我是如何轉移注意力的？
- 不檢查的那段時間，我的情緒有甚麼變化？
- 我今天學到了甚麼？

請記住：

- 你不需要每天早上證明自己過得好。
- 你不需要每次都檢查自己夠不夠正常。
- 你只需要開始生活，剩下的，會慢慢跟上來。

今日小語：

「停止檢查，不是停止關心自己，而是選擇把注意力，放在真正重要的地方——生活本身。你已經比你想像的，更靠近復原了。」

第二十二天「今日就行動」：簡化版聽覺注意力外在聚焦訓練

1. 確定時間段：

選擇一天中你最常檢查自己情緒或思緒狀態的時間段，例如：

- 起床後
- 午餐前
- 工作開始前

2. 聽覺外在注意訓練（5 分鐘）

目標：尋找並專注七個聲音或空間，然後運用聽覺的一種注意力外在聚焦訓練。

步驟：

- 找三個近距離的聲音（如：時鐘滴答聲、電腦嗡嗡聲、窗外風聲）。
- 找三個遠距離的聲音（如：客廳的電視聲、洗手間的抽氣扇聲、手機鈴聲）。
- 最後專注一個空間（如：廚房，不論是否有聲音）。

方法：

- 把聽覺的注意力逐一集中在每個聲音或空間上，每次約 40 秒。
- 將其他聲音當作背景雜音，不需要特別留意。

—第 23 天—

寫下你的新計劃，重啟你的內在導航

「你不是只是停止反芻，而是開始選擇新的思考路徑。」

元認知轉化為具體行動的起點

☘ 今日學習：

這是整體旅程中的關鍵時刻——我們即將整合前面所學，建立屬於自己的新處理計劃（New Plan for Processing），來預防未來反芻與情緒低落的復發。

這一章的重點是：不是只是停止反芻，而是要有意識地選擇另一條路。

這是從「解除昔日錯誤自動駕駛」走向「建立新導航系統」的轉折點。

回顧我們走過的路：

- 第 13 天：我們揭開情緒低落的秘密，並透過「元認知情緒調節圖表」記錄了自己的反芻觸發、思維與行為模式。
- 第 20 天：挑戰「反芻不可控」的信念，實驗反芻是否真的無法停止。

- 第 21 天：動搖「反芻有益」的信念，開始質疑自己為何選擇反芻。
- 第 22 天：辨識並中止「威脅監控」的習慣，停止對情緒的過度掃描。

今天，我們將這些學習整合起來，寫下一份屬於你自己的「新處理計劃」。

這不單止是文字，而是一份面對未來情緒風暴時的心理地圖，是你可以實際使用、反覆練習、持續強化的內在指南。

💡 科學觀點：

在元認知治療中，當負極與正極元信念都已被挑戰，下一步就是：強化取代性的處理策略（Replacement Plans）。

這些新策略的目的是：

1. 辨識並意識到自己的舊反應模式（如反芻、退縮、自我監控）。
2. 建立新的思維與行動方式，取代這些舊模式。
3. 反覆練習，讓新計劃成為自動化的選擇。

你的新處理計劃，包含以下四個核心組件：

元件	舊計劃（Old Plan）	新計劃（New Plan）
觸發 Triggers	情緒、想法、身體感覺	增強對觸發的覺察，觀察而非作出反應。
思考方式 Thinking Style	反芻、分析、自責	延後分析、靜觀放下
行為反應 Behaviours	逃避、躺平、隔離	積極行動、維持日常節奏
注意力焦點 Attention Focus	檢查情緒、掃描疲憊	專注行動、連結當下外界

舊計劃的內容舉例：

· 觸發：「我感到空虛／疲倦／沒動力。」
· 舊思維：「為甚麼我又這樣？我是不是沒救了？」
· 舊行為：「我今天甚麼都做不了，先休息一下好了。」
· 舊注意力：「我今天有比較好嗎？我是不是又要發作了？」

這些反應不一定錯，但它們沒有讓你真正變好，反而讓你被困在同樣的迴圈裡。

日常例子

例子：小倫的轉折點

小倫在第 13 天記錄了自己的典型反芻模式：只要一聽到主管批評，就開始懷疑自己的人生價值。

他發現自己會陷入反芻、逃避工作，並不停注意自己是不是「又沒感覺」。

這十天的練習後，他寫下自己的新處理語句：「當我聽到批評，我會提醒自己：這只是一次事件，不是我整個人。我不再分析對方的語氣，而是去完成我今天該做的事。」

這個小小的信念轉換，讓他重新掌握了行動的主導權。

每日功課：建立你的新處理計劃

1. 溫故知新

請回顧你在「第 13 天圖表」中記錄的內容，針對下列面向填寫你常見的舊計劃，並發展新計劃：

元件	舊計劃 （我過去的反應）	新計劃 （我決定的取代策略）
觸發 Triggers	例：感覺累、空虛感、聽到批評	例：這只是內在事件，不急著反應。
思考方式 Thinking	例：反芻、過度分析、自責	例：延後分析、靜觀帶過
行為反應 Behaviours	例：取消行程、拖延、隔離	例：先完成一小步行動
注意力焦點 Attention	例：掃描情緒、檢查疲憊感	例：轉向當下、聚焦外界互動

2. 寫下你的新處理語句（使用第一人稱）

使用「我」來寫下你要練習的新計劃語句，例如：

- 「當我感覺空虛時，我會提醒自己：這是情緒，不是事實。」
- 「我不再檢查今天的情緒狀況，而是直接開始日常任務。」
- 「我可以在感到不舒服的同時，也完成今天的工作。」

3. 重複練習與自我提醒

- 將這些關於有助元認知控制的新語句寫在手機備忘錄、便條紙或電腦桌面貼紙上。
- 每天早上起床後、遇到觸發時、或睡前，默唸或閱讀一次。
- 每週回顧一次，調整語句，讓它更貼近你當下的需要。

請記住：

你不是只是「停止反芻」而已，你正在建立一套全新的、溫柔而堅定的應對系統。這份新計劃，是你給自己的禮物。它不止幫助你活過今天，也幫助你預防未來的情緒迴圈。

今日小語：

「舊習慣不會因為理解而消失，但新選擇會因為練習而茁壯。願你今天寫下的每一句話，都成為你未來走過低谷時的光。」

第二十三天「今日就行動」：我的新心靈作戰計劃手冊

準備一個專屬手冊，記錄你的新處理計劃：

今天的功課需要你開始建立一套全新的應對策略，而這份計劃將成為你未來的指南與支持系統。因此，請選擇一本特別的筆記本，作為你的「新處理計劃手冊」，並準備將所有功課記錄其中。

如何準備你的手冊：

1. 選擇一本你喜歡的筆記本或日誌：

   · 它可以是一本漂亮的紙本筆記，也可以是數位筆記應用程式。

   · 確保它是你願意每天打開使用的工具。

2. 在筆記本內分出章節或頁面：

   · 章節 1：回顧與反思（記錄舊計劃和新計劃）。

   · 章節 2：新語句練習（記錄你要練習的語句）。

   · 章節 3：每週回顧（檢視進步並調整策略）。

3. 裝飾或命名你的手冊：

   · 給它一個鼓舞人心的名字，例如「我的新起點」或「情緒掌控手冊」。

   · 加上一些貼紙、顏色或喜歡的設計，讓它成為專屬於你的。

—第 24 天—

寫給未來的自己
——復原藍圖

「每一次低潮，不是失敗的證明，而是練習的機會。」

為情緒復原畫出新的藍圖

☘ 今日學習：

昨天，我們寫下了屬於自己的「新處理計劃」，為未來的自己建立了新的導航系統。

今天，我們要進一步整合所有學習，製作一份屬於自己的復原藍圖（Therapy Blueprint）。

這份藍圖的目的，是幫助你在療程結束後，依然能：

· 持續穩定地應對生活中出現的情緒觸發。
· 預防反芻與情緒低落的復發。
· 在低潮時不慌張，而是知道要做甚麼、要想甚麼。

科學觀點：

在元認知治療的最後階段，治療師與個案人士會共同完成一份「復原藍圖」，其中包含：

1. 案例概念化摘要

簡述你曾經的反芻模式、信念與情緒困難。

2. 信念挑戰記錄

包括你對反芻的負極與正極元信念，以及你如何動搖它們的證據。

3. 新處理計劃摘要（Plan Summary）

你在第 23 天建立的新策略，包括對觸發、思維、行為與注意力的替代回應。

4. 重新詮釋語句（Reframe Statements）

幫助你在未來遇到情緒波動時，不再害怕，而是把它當作一次實踐的機會。

5. 練習與回顧提醒

包括每週／每月自我練習的方式以及甚麼時候該尋求援助。

日常例子

例子：小敏的自我提醒

小敏在治療結尾時，寫下了這段話放在手機備忘錄裡：

「情緒低落不是壞事，是我練習新策略的機會。反芻只會讓我更累，我已經知道該怎麼做。今天，就先去做一件小事吧。」

她說，這段話在她之後的某個失眠夜裡，陪她渡過了那種「快要再陷下去」的感覺。

✎ 每日功課：寫下你的復原藍圖

1. 總結你的舊模式

簡要回顧你在第 13 天 - 第 22 天所探索的內容：

· 我常見的情緒觸發是甚麼？

· 我過去的反芻與應對模式是甚麼？

· 哪些正極／負極信念讓我維持這些模式？

2. 整合你的新處理計劃（簡要版）

元件	我的新計劃語句（使用第一人稱）
觸發 Triggers	例：「當我感到空虛時，我會提醒自己：這是情緒（內在事件），不是事實。」
思考方式 Thinking	例：「我選擇不再立即分析，而是先延後、帶過。」
行為反應 Behaviours	例：「我會先做一件小事，而不是等待感覺好轉。」
注意力焦點 Attention	例：「我把注意力放在當下的行動，而不是內心狀態。」

3. 寫下你的重新詮釋語句（Reframe）

這些語句的目的是在未來「情緒波動」發生時，幫助你不再恐慌或誤以為自己正在退步。

請完成以下語句或寫出你自己的版本：

- 「情緒起伏是正常的，我不會用舊方法處理它。」
- 「這次的不舒服，是我練習新策略的機會。」
- 「我不需要完美，只需要記得我有選擇。」

4. 寫給未來低潮時的自己

請寫下一段話，當你情緒再度低落、想放棄時，可以讀給自己聽：

給未來的我：

我知道你現在很不舒服，也會懷疑是不是又退步了。
但請記得：你已經走過很多困難，這次也不例外。
你學會的不只是「應付」，而是一種新的活法。
不需要急著變好，只要記得去做那一件小事。
我相信你。

你也可以寫上自己的版本，存在手機、日記、或貼在書桌前。

請記住：

未來的情緒波動，不是證明你失敗了，而是證明你正在活著、正在改變。每一次低潮，都是一次練習新計劃的機會，你每走一次，就會更熟練、更穩定。

今日小語：

「你不是在尋求永不悲傷的人生，你是在打造即使悲傷也能前行的自己。願你今天寫下的每一段話，都成為你未來穿越風雨時的指南針。」

第二十四天「今日就行動」：復原藍圖，邁向未來的支柱。

今天的行動計劃不僅是為自己撰寫復原藍圖，還要更進一步，通過分享來強化你的承諾與信心。以下是具體步驟與分享方式：

完成後的分享方式

將你的復原藍圖分享出去，可以幫助你更加專注，並獲得額外的支持，以下是幾種可行的分享方法：

1. 發送電子郵件給自己：

- 將復原藍圖寫在電子郵件中，發送到自己常用的郵箱。
- 這樣你可以隨時查閱，特別是在情緒波動時，為自己提供支持與提醒。

2. 發送給支持你的人：

- 如果你有信任的朋友、家人或治療師，將藍圖的簡要版本發送給他們。
- 讓他們了解你的努力並給予支持，這會讓你感到更有力量。

3. 儲存在數位筆記應用：

- 使用數位筆記工具（如 Notion、Evernote、Google Keep），將復原藍圖存檔。
- 設置提醒功能，定期查看和更新你的計劃。

4. 打印出來並張貼：

- 將藍圖打印出來，貼在書桌、牆面或其他顯眼的地方。
- 讓它成為每日的視覺提醒，幫助你保持專注和穩定。

—第 25 天—

把計劃帶進生活現場

「寫下計劃只是開始，真正的改變，
發生在你選擇不同反應的那一刻。」

情緒療癒，不只在腦中，也在日常中。

今日學習：

這幾天，我們花時間寫下了自己的新處理計劃、復原藍圖，甚至寫給未來低潮時的自己一封信。

但真正的挑戰是：當生活回到日常，當情緒突然來襲，你能不能把這些計劃帶進生活現場？

今天，我們將進入實戰演練的第一步——情緒篇。

我們要學會，在「感覺又來了」的那一刻，不是反射性地啟動舊模式，而是打開新地圖，選擇新路線。

科學觀點：

元認知治療指出，思緒本身不是問題，問題在於我們如何回應想法與情緒。

多數復發並非因為情緒太強烈，而是因為：

· 情緒出現→啟動不良元信念→啟動 CAS 模式→啟動反芻→情緒加劇→惡性循環

而新處理計劃的目的，就是要在「情緒出現的第一刻」打斷這個循環。

今天的任務是：在情緒來臨時，實際練習這種新反應方式。

生活例子

例子：小芸的練習

小芸早上醒來，心情很沉，很重，她腦中出現：「我是不是又開始了？」

過去的她會躺回床上，開始分析昨天做錯了甚麼、是不是壓力太大。

但今天，她停了一下，拿出第 23 天寫下的語句：「這是情緒，不是危險。我可以先刷牙。」

她照做了，然後打開窗戶，讓陽光進來。

她說：「情緒還在，但我做了一點不一樣的事，我就知道，我在改變。」

每日功課：情緒來的那一刻，我怎麼回應？

1. 覺察練習：今天我出現了甚麼情緒？

請回顧今天或昨天的生活，選出一個你曾經出現的情緒，然後填下表格：

覺察項目	我的回應
情緒是甚麼？	例：焦慮、空虛、無力、悲傷
它甚麼時候出現？	例：起床時、準備工作時、忽然想起某件事時
我當時的第一反應是甚麼？	例：想躲回床上、開始想「我怎麼又這樣」
這是舊計劃還是新計劃？	例：是舊計劃（分析＋退縮）

2. 啟動新反應：我可以怎麼做不同的選擇？

請寫下這個情緒出現時，你可以練習的「新語句＋新行動」：

元件	我的新反應
新語句	例：「我不需要理解這個感覺，只要先去洗臉就好。」
小行動	例：起床、開窗、泡杯茶、走出房間、寫一行日記

3. 實驗與觀察：今天的練習成果

請自我回顧：

· 我今天有成功啟動新語句嗎？

· 我有做出一個小行動嗎？
· 我的情緒有些微變化嗎？（哪怕只是沒變得更糟）
· 有甚麼我學到的事，想記下來嗎？

請記住：

自己不需要在感覺好轉後才行動，而是在感覺還沒好時，也可以行動。每一次你這樣做，都是在訓練大腦建立新的自動反應路徑。這就是改變的起點。

今日小語：

「計劃寫得再好，如果不能在生活裡啟動，它就只是文字。但只要在一個情緒來的瞬間，做出一點不一樣的事，自己就已經把計劃活出來了。」

第二十五天「今日就行動」：實戰演練

目標：將你過去幾天寫下的復原藍圖和新處理計劃，應用到生活現場，學會在情緒來襲的那一刻，突破舊模式，選擇新路線。

行動計劃：

1. 覺察情緒觸發的瞬間

目標：在情緒突然來襲的那一刻，覺察到「感覺又來了」。

方法：

- 停下來：當你感受到不舒服的情緒（如焦慮、空虛或憤怒），對自己說：「這是觸發，不是危險。」
- 命名情緒：簡單地識別情緒，例如：「我感到焦慮」、「這是生氣的感覺」。
- 提醒自己：這是情緒的自然反應，而不是代表任何現實上具有負面事情的發生。

2. 打開你的「新地圖」

目標：使用你之前寫下的復原藍圖和新處理計劃，作為應對指引。

方法：

- 回想你在復原藍圖中寫下的「觸發—思考—行為—注意力」新計劃。

例子：

- 舊模式：感到焦慮 → 反芻 → 拖延 → 檢查情緒
- 新計劃：感到焦慮 → 告訴自己這是情緒，不是事實 → 完成一件小事 → 聚焦當下的行動

3. 練習情緒重新詮釋（Reframe）

目標：在情緒波動時，學會用新的語句重新看待自己。

方法：

- 使用你之前寫下的「重新詮釋語句」，幫助自己調整心態：
  - 「情緒起伏是正常的，我不會用舊方法處理它。」

– 「這次的不舒服，是我練習新策略的機會。」

– 「我不需要完美，只需要記得我有選擇。」

4. 實踐「先行動，再感受」

目標：不等待情緒消失，而是在情緒中採取行動。

方法：

· 選擇開始做一件小事（例如整理桌面、倒一杯水、完成簡單工作）。

· 告訴自己：「情緒不需要消失，我也能完成這件事。」

· 感到為了別人煩惱時，走到窗邊深呼吸，感受自己的存在。

5. 記錄你的實戰體驗

目標：在今天的實踐中，記錄你的感受與發現。

方法：

· 回答以下問題：

  1. 今天我覺察到了哪些情緒觸發？
  2. 我是否成功應用了新計劃？
  3. 我學到了甚麼？
  4. 下一次，我可以如何做得更好？

第六階段｜

Day 26–30

設計新生活 × 建立神馳／心流的快樂習慣

—第 26 天—

打開你的「分離靜觀子彈庫」

「卡住時，就打開子彈庫，選一顆陪你前進。」
「你不是要戰勝情緒，而是選擇不上那班車。」

每一點小行動，都是療癒的存款。

☘ 今日學習：當我不想動，怎麼辦？

有時候，我們不是悲傷，不是焦慮，而是「卡住」了。像是：

- 明知道該寫作業，卻一直拖。
- 準備出門見人，卻突然失去動力。
- 想做點甚麼，卻被腦中的聲音拉住：「你做不到」、「不要丟臉啦」。

這時候，光靠「打氣」是沒用的。

我們需要的是一種內部操作方式，來幫助自己不被卡住的想法與感覺牽著走。

這就是今天的主角：分離靜觀（Detached Mindfulness）「加強版」。

💡 科學觀點：分離靜觀是甚麼？

它不是讓你情緒變好，而是幫你這樣做：

- 看見（觀察）情緒，但不急著處理它。
- 聽見（觀察）想法，但不再被它牽著走。
- 不再努力「壓下、分析、對抗」，而是選擇「不做反應」。
- 讓自己以觀察者的身分存在，而不是戰鬥者。

✓ 分離靜觀的核心不是控制，而是「不反應的選擇」。

✓ 它比傳統的靜觀更精準，它不是冥想，不是放空，而是清醒地旁觀。

✨ 小提醒：還記得第 8 天的「壽司輸送帶」隱喻嗎？

你坐在壽司店的吧台前，眼前一盤盤壽司（想法）經過。

有些看起來很誘人（例如：「你不趕快處理就完了」），你可能會忍不住拿起來。

但今天你學會了：你可以選擇只觀看，不拿取。

這就是全面應用分離靜觀的開始。

✨ 分離靜觀子彈庫：10 顆可選用的心理子彈

以下這些隱喻 / 技巧，就是你面對「我不想動」、「我做不到」時的子彈庫。

每一顆子彈都是你用來對抗 CAS（認知注意綜合症）的方式。

● 子彈 1：壽司輸送帶（Sushi Conveyor）

· 用途：當你腦中出現一連串「該怎麼辦」、「我是不是不夠好」的想法

· 做法：看著它們一盤盤經過，不要拿起來。

· 語句：「這是『我不夠好壽司』，我今天不吃它。」

● 子彈 2：乘客列車（Passenger Train）

· 用途：當你浮現「我一定會搞砸」的念頭

· 做法：把它當作一班列車的車卡，每一卡都是一樣「我一定會搞砸」，你是站在月台上的人，不用跳上去。

· 語句：「這是『焦慮號』，我看它過去就好。」

● 子彈 3：廣播電台（Radio Channel）

· 用途：當你腦中開始播放熟悉的自責台詞

· 做法：就像背景音樂在播，不需要關掉它，也不必跟著哼。

· 語句：「喔，『沒用電台』又在播了，我就讓它播著。」

● 子彈 4：雲朵天空（Clouds in the Sky）

· 用途：當你覺得「我現在有這種感覺就做不了事」

· 做法：把感覺當成雲朵，不用清掉它，只要行動。

· 語句：「這朵懷疑的雲還在，但我還是可以走路。」

● 子彈 5：河上葉子（Leaves on a Stream）

- 用途：當你腦中開始冒出「你還是別做了啦」的聲音
- 做法：把這些話當成葉子，讓它在河上漂流過去。
- 語句：「我看到它了，我讓它漂過去。」

● 子彈 6：頑皮小孩（Recalcitrant Child）

- 用途：當你試圖控制或壓制某個念頭，越壓越煩。
- 做法：想像這個念頭是吵鬧的小孩，你不理它，它就安靜。
- 語句：「我不需要教訓它，只要不被它吸引注意力就好。」

● 子彈 7：新聞跑馬燈（News Ticker）

- 用途：當你腦中同時滾動很多抑鬱資訊
- 做法：這些只是滾動的句子，不用打開、不用查證。
- 語句：「我看到它在跑，但我不讀它。」

● 子彈 8：泡泡觀察（Thought Bubble）

- 用途：當你覺得「這個想法就是我自己」
- 做法：把想法變成泡泡，讓它飄離你，觀察它的形狀。
- 語句：「這不是我，是我腦中產生的一個泡泡。」

● 子彈 9：看老虎（Tiger Task）

- 用途：練習不干預內在影像的經驗
- 做法：心中想像一隻老虎，有一個鐵籠圍著牠（影像），我們就如旅客一般的視角，只觀看牠的行為。

・ 語句：「我不需要控制牠做甚麼，我只看牠自己怎麼動。」

● 子彈 10：我在看的那個我（Observer Self）

・ 用途：當你覺得自己和情緒 / 想法完全融合時

・ 做法：提醒自己「我不是這個想法，我是正在看著它的那個我」。

・ 語句：「我不是這句話，我是正在看這句話的意識。」

每日練習：配對你的子彈庫

1. 請記錄你今天卡住的時刻

・ 我今天想逃避的事是：____________________

・ 我腦中出現的聲音是：____________________

・ 我感覺到的情緒是：____________________

2. 從子彈庫中選出一顆

・ 我選擇的子彈是：__________（例如：泡泡觀察）

・ 我對自己說的語句是：____________________

3. 啟動小行動

・ 我今天做的一小步是：____________________

（不求多，只求一點點，例如開啟檔案、走到門口、寫一句話）

✦ 小提醒：

你不是要感覺變好之後才做事，而是允許感覺存在，然後照樣做事。

這就是分離靜觀的力量：你可以同時擁有情緒，也擁有選擇。

今日小語：

「在你感覺最卡的時候，不是你沒力量，而是你忘記打開你的子彈庫。每一顆你用過的子彈，都是你在生活中重新選擇的鑰匙。」

第 26 天「今日就行動」：打開你的分離靜觀子彈庫

學會在卡住時，使用「分離靜觀子彈庫」來觀察情緒與想法，不再被它們牽著走，並啟動一個小行動。

行動計劃：

1. 覺察卡住的時刻

問自己：

- 我今天想逃避的事是甚麼？
（例如：寫作業、打電話、整理房間）
- 我腦中出現的聲音是甚麼？
（例如：「你做不到」，「別丟臉了」）

- 我感覺到的情緒是甚麼？
  （例如：焦慮、沮喪、不耐煩）

2. 從子彈庫中選擇一顆

選擇一顆適合的子彈並對自己說：

- 子彈：（例如：壽司輸送帶）
- 語句：（例如：「這是『我做不到壽司』，我今天不吃它。」）

3. 啟動一個小行動

選擇一件很小的事，開始行動，例如：

- 打開檔案
- 寫下一句話
- 走到門口
- 拿起電話撥號

提醒自己：「情緒不需要消失，我也可以完成這一小步。」

行動範例：

- 我今天想逃避的事是：寫一篇報告。
- 我腦中出現的聲音是：「你寫不好，別開始了。」
- 我感覺到的情緒是：焦慮和無力感。
- 我選擇的子彈是：雲朵天空。
- 我對自己說的語句是：「這朵焦慮的雲還在，但我還是可以寫下第一句話。」
- 我今天做的一小步是：打開文件並寫下標題。

—第 27 天—

我不是情緒偵測器，我是快樂的參與者。

「快樂不是等來的，是參與出來的。」

不再只是感知情緒，而是參與快樂。

☘ 今日主題：從監控內在 → 投入外在

今天是第27天，這是一個非常關鍵的轉折日，也就是從「修復模式」進入「滋養模式」的第一步。

這三天將會是整個療程的「心理能量回填期」，聚焦在：

- 理解「快樂」不只是結果，而是可以主動經營的狀態。
- 從元認知模式切換到「追尋心流模式」。
- 實踐 Flow-Inducing Activities 神馳（心流）活動，回填因為 CAS 而消耗的心理能量。

在前 26 天，我們學會了：

- 用元認知方式觀察與看待思想與情緒
- 拆解反覆陷入低落與拖延的思考模式（CAS，認知注意綜合症）。

- 建立新處理模式，透過元知識的應用、特定語句與行動策略等。

而現在，是時候把目光從「內在掃描」轉向「外在參與」。

科學觀點：為甚麼我們要學會「活得快樂」？

快樂不是一種奢侈，而是一種心理免疫力。

當我們長期處在：

- 反芻
- 自我批評
- 過度監控

這些思維模式會讓大腦缺乏正向刺激源（如多巴胺、血清素），即使「沒有問題」也會感覺不到快樂與動力。

轉換能量流向：

舊模式	新模式
思考怎麼不再痛苦	創造快樂的經驗
掃描不安的情緒	投入神馳活動中

腦袋轉向：我不是情緒偵測器，我是生活參與者。

你不是一台不斷掃描「我好不好」的儀器，你是可以創造快樂、參與生命的人。從今天起，讓我們用「參與」取代「監控」。

甚麼是快樂？心理學與生活的理解

類型	例子	特性
短暫快樂	吃甜點、聽音樂、看劇	快速啟動、短效、容易獲得
深層快樂	達成目標、與人連結、活出價值	穩定持久、需要投入、內在滿足

關鍵概念：神馳（心流）活動（Flow-Inducing Activities）

Flow 是甚麼？

- 自己完全投入在一件事上
- 忘記時間（忘我境界）
- 專注、自主、挑戰與技能達到平衡

◆ Flow 活動會自然產生：

- 快樂感
- 自我效能感
- 心理能量的回充
- 降低焦慮與反芻的機會

◆ 生活中的四大活動功能區（自我評估表）

區域	功能	例子
工作／責任區	生存與義務	上班、家務、照顧他人
社交區	連結與互動	與朋友聊天、與家人互動
自我成長區	意義與價值	學習、創作、志願工作
餘閒區	放鬆與快樂	運動、音樂、園藝、戶外、料理……（我們今天的重點！）

小劇場：阿哲的轉變

阿哲每天早上醒來，第一件事就是掃描自己：「我是不是又不對勁？」

他說：「我像一個情緒偵測器，一直找『復發』的徵兆。」

直到有一天，他開始每週固定去打籃球、學烘焙、養植物。

他發現：「我沒那麼常『掃描』了，因為我有事可做、有事想做。」

今日功課：找回快樂的參與感

1. 檢視：我目前的「餘閒活動」健康嗎？

問題	我的答案
我每週有固定做一件讓我感覺投入的活動嗎？	是／否
最近一次完全投入做一件事是甚麼時候？	
我是否常因為情緒低落而放棄這類活動？	是／否

2. 設計：我的神馳活動清單

請列出你曾經做過、或想嘗試的、能讓你進入 Flow 狀態的活動：

· 藝術／手作：____________________

· 音樂／聽歌：____________________

· 運動／身體活動：____________________

· 攝影／創作：____________________

· 桌遊／拼圖：____________________

· 閱讀／寫作：____________________

3. 執行：今天選一件，開始行動。

- 我選擇的活動是：＿＿＿＿＿＿＿＿＿＿＿＿＿
- 預計甚麼時候進行？＿＿＿＿＿＿＿＿＿＿＿＿
- 我想觀察的是：在進行時，注意力有沒有從「我怎麼樣」轉向「我在做甚麼」？

✦ 小提醒：

當你一直在檢查自己「有沒有好起來」，你就離生活越來越遠。

但當你開始參與生活，你就真的在變好。

今日小語：

「不是快樂來了你才參與，而是你參與了，快樂才會來找你。」

第 27 天「今日就行動」：觀看「神馳活動」影片

觀看 Dr.Kino Lam 的影片，深入了解「神馳活動」的概念及其對身心的益處。學習如何找到適合自己的神馳活動，並將它融入日常生活，幫助你恢復能量，提升幸福感。

影片連結：https://youtu.be/Xs0GVJcu9Cc

觀看影片後的行動：

1. 記錄靈感與啟發：
   - 影片中是否提到了任何讓你感興趣的活動或技巧？
   - 你是否想到了一些自己可能會喜歡的神馳活動？
2. 開始行動：
   - 嘗試挑選一項活動，並安排在今天或本週進行一次。
   - 記錄你的體驗，觀察它對你的感覺和影響。

—第 28 天—

快樂不是偶然，
是可以設計的。

「不是等有空才快樂，而是設計出讓快樂發生的機會。」

快樂不是情緒，是選擇與練習。

☘ 今日主題：快樂，不是等來的，是創造出來的習慣。

✔ 本日學習目標

今天將延續第 27 天的核心——「神馳活動」，但更進一步，幫助你：

- 理解神馳活動的特性與條件
- 探索自己當下人生階段最適合的神馳活動類型
- 建立「可重複」、「可預測」的快樂設計系統
- 挖掘個人需求與階段，找到專屬的神馳路線
- 發展屬於你的「快樂行動方程式」

💡 科學觀點：甚麼是「神馳活動」？

Flow（心流）是一種深度投入的心理狀態，當你在進行一項具有挑戰性又能勝任的活動時，會自然進入這種「神馳」的狀態。

它具有以下特徵：

✔ 完全專注與投入：你全神貫注在手邊的事情上，彷彿與活動融為一體

✔ 時間感消失：對時間的感知被模糊，感覺時間「飛快過去」或「忘了時間的存在」

✔ 內在獎勵感強烈：活動本身就是滿足，不依賴外在稱讚或結果

✔ 情緒正向與能量回充：做完後感到滿足、安定、有力氣

神馳／心流的後果（Consequences of Flow）

進入心流狀態後，常見的心理變化包括：

1. 自我意識的消失

你暫時忘記了「我是誰」、「我表現得好不好」，只剩下「我正在做甚麼」。

2. 時間感扭曲

有時覺得時間過得飛快，有時反而停滯，完全取決於當下的投入程度。

3. 活動本身即為獎勵

你不是為了完成後的掌聲或回報而做，而是因為「正在做」這件事本身就讓你快樂。

神馳活動是最天然的心理修復劑

它能幫助我們從疲憊與低落中回復活力，並重新與生活產生連結。

今天的目標不只是「參與」神馳活動，而是要開始「設計」它們，讓快樂變成可預期的習慣。

神馳活動的四大特性

特性	說明
✓ 重複又重複	這不是一次性娛樂，而是自己會主動安排重複再做的活動。
✓ 持久快樂感	完成活動後，仍然保持餘韻的奔馳情緒和正能量。
✓ 花精神時間研究	自己會想了解和鑽研活動背後的學問。
✓ 有目標、有追求	對活動有講究的心態，追求更高的質素。

這些活動不單止是「放鬆」，而是：

- 滿足你內在某個尚未被滿足的需求
- 激活你「還想成長」的那一部分自我

如何找到適合你人生階段的神馳活動？

每個階段的你，會被不同的東西吸引。

神馳活動的關鍵是，它同時滿足：

1. 你的能力狀態（你做得來）
2. 你的內在需求（你真的渴望）
3. 產生神馳（心流）Flow 的感覺

內在需求檢視表（修訂版：探索你的心流渴望地圖）

請勾選你目前最渴望被滿足的需求（可複選）。

這將幫助你指引出最適合你當下的神馳活動類型。

● 第一層：生理與生活基本需求

需求類型	我現在渴望這個？
飲食與味覺享受（食物、烹飪、美食）	□ 是
個人照顧（睡眠、衛生、保健）	□ 是
經濟安全與生活改善（賺錢、財務提升）	□ 是

● 第二層：心理安全與歸屬感

需求類型	我現在渴望這個？
穩定與安全感（環境、情緒穩定）	□ 是
歸屬感與關係連結（家人、朋友、伴侶）	□ 是
被理解與傾聽（有一個可以說話的人）	□ 是

● 第三層：自我肯定與成就感

需求類型	我現在渴望這個？
自我價值感（被肯定、覺得自己有意義）	□ 是
成就與挑戰（完成任務、學習新技能）	□ 是
智識探索（學習知識、理解世界）	□ 是

● 第四層：創造力與美感需求

需求類型	我現在渴望這個？
美感與藝術體驗（視覺、音樂、設計）	□ 是
感官沉浸（賞花、香氣、五感欣賞）	□ 是
創造與表達（寫作、畫畫、設計）	□ 是

● 第五層：自我實現與超越性需求

需求類型	我現在渴望這個？
自我實現（活出潛能、做自己）	□ 是
靈性與修行（冥想、宗教、信仰實踐）	□ 是
追求智慧與新奇（探索新觀點、哲學）	□ 是
整合生命經驗（寫回憶錄、分享故事）	□ 是

✔ 建議做法：選出你最有興趣的 2-3 項需求，接下來我們會根據這些需求，設計最適合你的神馳活動方向。

小提示：

- 沒有「高級」或「低級」的需求，只有當下對你來說最真實的渴望。

神馳活動的 18 種尋找路線圖

本章所引用的內容，來自林朝劍博士（Dr. Kino Lam）在《快樂解鎖》課程中所提出的重量級理論——

「18 種神馳（心流）活動探索途徑」。

這套模型融合了心理學、行為觀察、認知神經科學與職業治療的視角，不僅是一種活動分類方式，更是一套深度探索「個人快樂原型」的實用工具，能協助你根據當下的心理狀態，找到最適合自己的 Flow 入口，重新與快樂建立連結。

每個人都渴望「投入其中、忘我其中」的心流時刻。但為甚麼有人靠運動充電，有人靠閱讀平靜，有人則非畫畫不可？這是因為，我們每個人對神馳的觸發點——也就是心流的進入模式——其實大不相同。

Dr. Kino Lam 的這套理論正是從這個問題出發，提出一張高度個人化的神馳地圖，幫助我們找到：

「甚麼樣的活動方式，最能喚醒我內心的快樂能量？」

✦ 今日提醒

第 28 天的內容為本書最具複雜性的一章。

建議讀者可搭配實際學習：林朝劍博士《快樂解鎖》課程：學習與探索 18 種神馳活動

深度認識這套理論的結構、應用範例與個人化探索方式，將有助於你的理解與實踐。

● 每一種神馳活動，都是一種深度參與的方式。

你可以依據你的需求類型，選擇對應的活動來恢復心理能量、進入心流狀態。

類型	名稱	內含意義	適合的心理需求
1	動	運轉、活動、行動、舞動、跳動、追求更高、快、強。	身體節奏感、挑戰、釋放壓力
2	練	練、煉；鍛鍊、練習	專注、持續進步、自我修煉
3	賞	欣賞、鑑賞、觀看、觀賞	感官沉浸、美感經驗
4	嚐	品嚐、品嘗	味覺享受、生活品味
5	說	交談、分享、溝通、交流	自我表達、被聽見
6	學	學習、學問、求知	知識渴望、智識滿足
7	伴	同伴、陪伴、結伴、交際、交往、聚會、集會、團隊、社團	歸屬感、陪伴感
8	獻	貢獻、服務、照顧、養育（子女）	意義感、利他精神
9	憶	回憶、記憶、追憶、思憶、憶述	傳承、整合過去經驗
10	拜	敬拜、禮拜、崇拜、傾慕、仰慕、偶像	靈性需求、敬畏感
11	創	創作、創造、創新、設計	創造力、實踐美感

類型	名稱	內含意義	適合的心理需求
12	做	工作、生產力的活動	成就感、具體成果
13	導	教導、傳授、教育	領導感、貢獻他人
14	修	修養、修身、品格、美容、健身	安定、覺察、自我整合
15	愛	愛與被愛、親情、友情、愛情、團隊情、民族情、愛國情、鄉土情、宗族情、省籍情	愛與被愛、親密需求
16	悟	思想、心態、想法、接受、面對、放開、交托、寬恕、感恩、知足、積極、樂觀、希望、意義	意義建構、內在成長
17	感	感應、感嘆、感召、感通、領會、體會、官能刺激	提升幸福感、正向情緒
18	娛	遊戲、娛樂、輕鬆活動	放鬆、娛樂、快樂感

使用建議：

- 第一步：請先回顧你今日在「內在需求檢視表」所勾選的狀態
- 第二步：對照上表，選出一至三種你想嘗試的活動類型

- 第三步：開始行動，並在過程中觀察：我有進入神馳（心流）狀態嗎？

✔ 提醒：你不需要一次涵蓋全部，只要從其中一項開始，你就會慢慢找回快樂的節奏。

生活例子：小琪的快樂設計實驗

小琪以前覺得快樂就是「放鬆耍廢」，但她發現滑手機只會讓她更空虛。後來她開始每週一次參加花藝課，雖然一開始手忙腳亂，但她發現：「我做得越多，越想做得更好，而且我好久沒有這麼專注了。」

她的快樂，不是偶然，而是被她親手設計出來的習慣。

今日功課：打造你的「快樂行動方程式」

1. 我的當下需求是甚麼？

2. 對應的神馳活動是甚麼？

類型例子	我想嘗試的活動	預計頻率
動		每週　　次
賞		每週　　次
學		每週　　次

3. 我的「快樂行動方程式」

● 每週只要完成以下任務，就等於我在為幸福加油：

✓ 動→______________________________

✓ 賞→______________________________

✓ 學→______________________________

今日小語：

「快樂不是你找到的東西，而是你願意一次又一次重複參與的選擇。」

第 28 天「今日就行動」：「快樂行動方程式」啟動的歷史一刻

拍攝屬於你的快樂行動短片

今天，你將用短影片記錄自己第一次實踐「快樂行動方程式」的瞬間，這不僅是對自己的承諾，更是鼓勵自己的珍貴時刻。以下是如何拍出這段屬於你的影片的簡單指南。

拍攝準備：

1. 確定主題

- 你的影片將記錄你實踐「快樂行動方程式」的片段，例如：運動、欣賞美景、學習新技能等快樂行動瞬間。

2. 選擇拍攝場景

- 找一個明亮、讓你感到舒適的地方，作為拍攝背景。
- 確保周圍環境安靜，避免干擾。

3. 準備你的拍攝設備

- 使用手機或相機即可，不需要專業設備。
- 將設備放在穩定的地方，或使用腳架來固定。

拍攝技巧：

1. 拍攝角度

- 如果你在進行活動，可以選擇拍攝全身，記錄完整的行動。
- 如果是靜態活動（如閱讀或繪畫），可以選擇拍攝手部細節或專注的表情。

2. 影片時長

- 10-30 秒即可，簡短卻有力。

3. 自然表現

- 不需要刻意擺拍，讓你的動作和表情自然流露，反映真實的快樂瞬間。

4. 加入語音或文字

- 可以在影片中說一句簡短的話，表達你的感受或對自己的鼓勵，例如：
  - 「這是我為幸福加油的一步！」
  - 「我正在實踐我的快樂行動方程式！」

—第 29 天—

讓快樂更深刻的三個神馳加速器

「快樂不只在當下，也可以透過設計，
變成記憶中閃閃發亮的片段。」

找到你的快樂引擎，並讓它持續轉動。

今日學習：

你已經學會如何找到神馳活動的方向，今天要學的是：如何讓這些活動更容易進入心流，留下深刻印象。

神馳感受不是偶然，而是可以透過一些小技巧「被加強」的。

今天分享三個簡單又實用的神馳加速器，讓你更快進入狀態，並深化快樂記憶。

科學觀點：讓快樂「記得住」的心理與神經科學

我們的大腦並不會自動記住所有快樂的時刻，但科學研究發現——當情緒強烈、環境專注、時間點對了，快樂就能被大腦牢牢記住。

以下是三個關鍵研究洞見，幫助我們理解如何「強化神馳體驗」：

1. 情緒表達 × 記憶強化效應

當你在經歷快樂時，若同時大聲說出、誇張表達，甚至身體參與（如手舞足蹈），就能讓大腦更容易「標記」這段經驗為重要、值得保留的記憶。

神經心理學研究指出：情緒 Arousal（喚起強度）與記憶鞏固成正比。情緒越明顯，杏仁核與海馬迴的記憶協作越強烈，記住的機率也越高。所以，當你說出「嘩！太好玩了！」的那一刻，你的大腦也在說：「我會記住這個片段！」

2. 沉浸環境 × 心流門檻觸發

心流（Flow）並不是在每個環境下都能發生，它需要剛剛好的挑戰、明確的目標、即時回饋，更需要最少的干擾與最純粹的專注。

進入心流的關鍵在於：

· 專注資源要集中（沒有分心）
· 活動難度與能力相匹配
· 有一種「我正在掌控節奏」的感覺

這也是為甚麼「事前安排專注環境」這個步驟至關重要。

關掉通知、設好場域，本質上是為大腦創造心流條件。

3. 黃金時間 × 記憶鞏固窗口

大腦並不是隨時都在記憶，而是在某些特殊時段特別善於吸收與整理資訊，這被稱為「記憶鞏固黃金時間」。

· 睡前 30 分鐘：大腦即將進入深度睡眠期，是「轉換短期記憶為長期記憶」的最佳時機。

· 學習後的 30 分鐘：當你剛完成一項新體驗，大腦處於「高可塑性狀態」（Neuroplasticity Peak），對於剛剛的經驗最有吸收與整合能力。

這時候若加上意識性的回顧、重播或記錄，就能大幅提升記憶的深度與情緒連結。

🛠 總結：將科學轉化為實作

結合以上三項洞見，我們可以發展出三個策略，強化神馳體驗的深度與可記性：

科學依據	對應策略	實作方式
情緒喚起強度	誇張式語言表達	嘩！太棒了吧！好玩到爆！
專注資源集中	儀式化準備 × 減少干擾	預設時間、關閉通知、創造沉浸空間
記憶鞏固時段	睡前回顧 × 活動後記錄	閉眼想像、寫下亮點、錄音記下感覺

透過這些方法，我們不止是「做了一件快樂的事」，我們是在有意識地設計一種可以被記住、可以被重現的快樂經驗。

神馳，不再只是偶然的幸運，而是可以被練習與強化的心理狀態。

日常例子

例子：小宇的快樂強化練習

小宇最近開始每週上繪畫課，他發現自己越畫越專心，但有時過幾天就忘了那種投入感。

後來他試著：

· 下課後立刻用語音記下當天的亮點
· 睡前閉上眼睛回想畫畫時的流暢感
· 對朋友誇張地說：「畫畫真的爽爆了！我都不想停筆！」

這些看似「小動作」，卻讓他每一次的快樂都更深刻。他說：「我終於知道甚麼叫做——快樂可以被記住。」

每日功課：強化神馳體驗的三步驟

步驟 1：誇張式表達法

請試著用浮誇一點的語言來描述你今天的神馳活動：

◆ 今天我做了 ＿＿＿＿＿＿，感覺就像 ＿＿＿＿＿＿！！！

（例如：「我今天烘焙成功了，超像世界冠軍烘焙師！」）

步驟 2：創造你的專注儀式

明天你想嘗試的神馳活動是甚麼？

◆ 活動名稱：＿＿＿＿＿＿＿＿＿＿＿＿

◆ 我可以怎麼事前安排，減少干擾？

（例如關靜音、準備場地）

◆ 我的「專注儀式」是：____________________

● 步驟 3：黃金記憶時間練習

A. 睡前黃金 30 分鐘

◆ 今晚睡前，我會閉上眼睛回想哪個瞬間？

◆ 那時我有甚麼感覺？聲音？畫面？

B. 活動後黃金 30 分鐘

◆ 我可以如何記錄今天的神馳體驗？

☐寫日記 ☐畫畫 ☐錄音 ☐拍照 ☐其他：__________

請記住：

你越是願意「記住快樂」，大腦就越會為你留下幸福的記憶痕跡。

這不只是回顧，而是一種有意識的快樂練習。

今日小語：

「真正的快樂，不只是當下的感覺，而是你願意記住它、重新經歷它的那份珍惜。」

第 29 天 「今日就行動」：開發屬於你的「神馳加速器」

創造並發展一項專屬於你的技巧，讓快樂更深刻。

今天，我們要從自己的經驗與需求出發，設計一個專屬的技術或方法，幫助你更快進入心流狀態，並讓快樂的感受更加鮮明且持久。這是一個屬於你的「神馳加速器」。

行動計劃：

1. 回顧你的神馳經驗

問自己：

- 過去哪些時刻讓我感到全然投入與快樂？
- 甚麼樣的環境或條件幫助我進入心流？
- 我是否有過讓快樂變得更鮮明的習慣或技巧？

2. 創造你的專屬「神馳加速器」

發展一個屬於自己的技巧，幫助進入心流並加深快樂感受：

元素 1：情緒喚起

- 如何讓自己情緒更投入？
- 例如：用誇張語言描述當下的快樂，或加入肢體動作（跳起來、拍手）。

元素 2：專注環境

- 如何創造一個更容易專注的環境？
- 例如：關閉干擾（手機靜音）、設置專屬空間或時間。

元素 3：記憶鞏固

· 如何讓這個快樂時刻更持久？
· 例如：睡前回想、用照片或語音記錄，或與朋友分享你的體驗。

3. 開始實踐並調整

· 行動步驟：

  1. 選擇一項你喜歡的神馳活動作為實驗對象（例如：跑步、畫畫、閱讀）。
  2. 使用你剛剛設計的「神馳加速器」，實踐並記錄你的體驗。
  3. 在活動後總結：這項技巧是否幫助你更快進入心流？有甚麼需要調整的地方？

—第 30 天—

快樂地圖啟動儀式｜心流是療癒的秘密

「停止反芻是起點，
投入擁有心流感覺的生活才是療癒的完成式。」

停止思考只是開始，活出神馳才是完成式。

☘ 今日學習：快樂不是幻想，而是一種能力。

你已走過 29 天的情緒自癒旅程。

你學會了察覺想法，學會與情緒共處，學會不再被反芻與憂慮拖著走，你學會了甚麼是 CAS（認知注意綜合症；Cognitive Attentional Syndrome），也學會了如何用元認知技巧（如分離靜觀與反芻延遲），來鬆開它的控制。

你開始明白：

我不是要控制情緒，我是要建立與它和平共處的距離。

當這些內在的活動日漸安靜，你會發現有一種更深層、更自然的療癒，正在悄悄發芽。那就是：心流（Flow），一種屬於你自己的「神馳狀態」。

💡 科學觀點：｜為甚麼「元認知 × 神馳」是最終的療癒組合？

Thoughts don't matter but your response to them does. (Prof. Adrian Wells)

這是元認知治療（Metacognitive Therapy, MCT）的一句核心信念。

我們的情緒困擾，往往不是來自於「有甚麼想法」，而是來自於我們怎麼回應那些想法。

元認知是你對思考的「思考」，它決定了：

· 自己會關注甚麼（注意力焦點）
· 自己會怎樣體驗想法（思維應對風格）
· 自己會選擇用甚麼方式來處理想法與情緒（元信念）

也就是說，元認知決定了你到底是：

● 一直卡在「想法 → 分析 → 情緒 → 想更多 → 更痛苦」的迴圈中，還是——

● 能跳出來，看見這一切只是思考活動的一部分，然後選擇不被捲入。

心流為甚麼是最深的療癒？

因為當你進入心流：

- 你不再追問「我怎麼了」？而是沉浸在「我在做甚麼」。
- 你不再停留在內在評價，而是在外界創造與經驗。
- 你不再只是「處理情緒」，而是在「活出生命力」。

元認知技巧幫你打開門，神馳活動則讓你走進那扇門後的光亮世界。

Day 30 任務：快樂地圖啟動儀式

我們將透過一個簡單但深刻的小測驗，來：

✓ 回顧你在這 30 天的元認知與情緒轉變

✓ 整合你最適合的元認知＋神馳（心流）活動組合

✓ 為自己設計一份「快樂生活藍圖」

問卷｜神馳旅人 × 元認知整合測驗

請誠實地寫下你的答案，這是給自己的一份畢業紀念。

PART 1｜你與「想法」的關係改變了嗎？

1. 當我發現自己在反芻或憂慮時，我現在通常會：

☐ 繼續想下去，直到想清楚

☐ 試著打斷，但還是會陷入

☐ 運用反芻延遲或分離靜觀技巧

☐ 直接轉向神馳活動來轉換焦點

2. 我目前對「元信念」的認識進展是：

- □ 我還是認為一定要想清楚才安心
- □ 我開始懷疑這些信念
- □ 我已能覺察並挑戰它們
- □ 我已經可以替換成更具彈性的新處理方程式

3. 我最常使用的元認知技巧是（可複選）：

- □ 反芻延遲
- □ 注意力轉移
- □ 停止反芻
- □ 分離靜觀（Detached Mindfulness / DM）

PART 2 ｜你與「神馳」的連結建立了嗎？

4. 最讓我感到有神馳感的活動是：

✎ ____

5. 我最喜歡的探索神馳途徑是（可選 2-3 個）：

- □ 動（運動、舞蹈）
- □ 學（學習、研究）
- □ 創（創作、寫作、藝術）
- □ 修（冥想、靜心、園藝）
- □ 愛（陪伴、共感）
- □ 嚐（料理、美食）
- □ 拜（靈性、儀式）
- □ 導（幫助他人、教學）

☐ 感（觀影、音樂、旅行）

☐ 做（完成任務、專案）

☐ 伴（與人連結）

☐ 其他：________________________________

6. 我最常安排這些活動的時間是：

☐ 睡前或清晨

☐ 週末或放假時

☐ 每天固定時段

☐ 想到才做

PART 3｜你真的開始活出不同的節奏了嗎？

7. 我目前對「快樂」的定義是：

✎ ____

8. 我心中理想的一天，會包含以下元素（可複選）：

☐ 一段安靜的時間（修）

☐ 一項創造性的行動（創）

☐ 一次與人的真實連結（愛／伴）

☐ 一次身體的流動（動）

☐ 一次學習或擴展（學）

☐ 一次幫助別人或貢獻（獻）

9. 如果我未來再次陷入抑鬱或低潮，我知道我可以（可複選）：

☐ 使用元認知技巧

☐ 執行神馳活動處方籤

☐ 尋求支持，不獨自承擔

☐ 以上全部皆是

PART 4 ｜設計你的快樂生活藍圖

10. 我想為自己建立的「每週神馳處方」是：

· 每週至少安排 ______次神馳活動

· 每週保留 ______ 小時的「快樂專屬時段」

· 每週寫一篇「元認知及神馳日記」來記錄自己的轉變

11. 我想對未來的自己說一句提醒語是：

 ____

恭喜你完成 Day 30 ｜你已擁有快樂走下去的能力

你已經走完了 30 天的旅程，也走進了一個全新的自我理解與自我照顧方式。

你現在擁有了：

· 能覺察並終止 CAS 的元認知能力
· 能進入神馳狀態的快樂調節力
· 能設計生活節奏的行動感與實踐力

結語小語：

「真正的療癒，不是把所有情緒趕走，

而是擁有從負面情緒中回來的能力。

你已經擁有一張快樂地圖，

也已經準備好成為你自己情緒世界裡的導航者。」

抑鬱不會再來

附錄 |

心理治療演化簡述

Appendix | 附錄

心理治療演化簡述

第一代：精神分析與行為療法

- 時期：1920s–1950s
- 代表人物:佛洛伊德（Sigmund Freud）、史金納（B.F. Skinner）

核心理念：

- 佛洛伊德的精神分析：心理分為潛意識（Unconscious Mind）與意識（Conscious Mind）。成年後的神經質心理健康問題源於伊底帕斯（Oedipal）發展階段中未解決的衝突，這些衝突被壓抑在潛意識中，透過心理治療可將無意識的思想與動機轉化為有意識，獲得洞察力並實現治癒效果。
- 史金納的行為治療：專注於行為的觀察與測量，透過制約（Conditioning）改變問題行為，重點在於外在行為的改變，而非內在心理狀態。

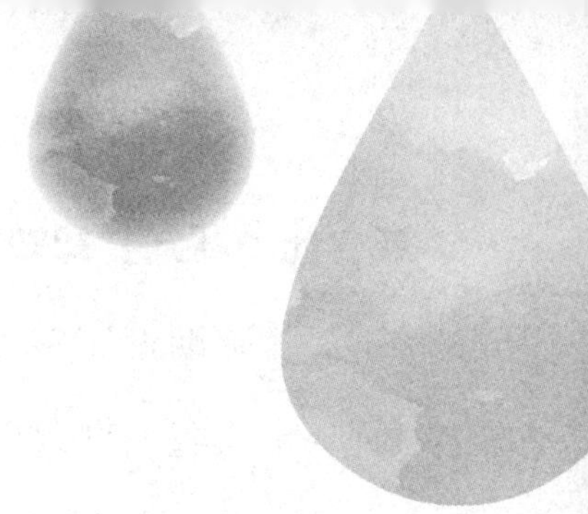

第二代：認知與行為的結合

- 時期：1950s–1970s
- 代表人物：
  - 亞伯特・艾利斯（Albert Ellis）：理性情緒行為治療（Rational Emotive Behaviour Therapy, REBT）。
  - 亞倫・特姆金・貝克（Aaron Temkin Beck）：認知行為治療（Cognitive Behavioural Therapy, CBT）。

核心理念：

- 理性情緒行為治療 REBT：人既能發展健康的想法，也可能固執地維持自我破壞的念頭，導致情緒困擾與行為問題。重點在於挑戰不合理信念，重構思維方式，並透過家庭作業幫助改變習慣性行為反應。
- 認知行為治療 CBT：抑鬱症的特徵在於「認知三元組」（Cognitive Triad）：對自身、世界和未來的負面看法。治療著重於改變不合理信念和負面圖式（Schema），以改善情緒和行為。

第三代：「元」認知與靜觀的興起

- 時期：1980s–1990s
- 代表人物與療法：

1. 元認知治療（Metacognitive Therapy, MCT）

   代表人物：阿德里安・威爾斯（Adrian Wells）。

   概述：MCT 著重於消除「認知注意綜合症」（Cognitive Attentional Syndrome, CAS），即對負面主題的反覆沉思與擔憂、威脅監察和無效應對策略。治療重點在於降低「元信念」，恢復健康的思維風格。

2. 接受與承諾療法（Acceptance and Commitment Therapy, ACT）

   代表人物：史蒂芬・海斯（Steven C. Hayes）、凱利・威爾森（Kelly G. Wilson）、柯克・斯特羅沙（Kirk D. Strosahl）。

   概述：ACT 結合接納（Acceptance）、靜觀（Mindfulness）與價值驅動的行動，旨在提升心理彈性（Psychological Flexibility）。幫助個體接納內在經驗，發展「自我為景」（Self-as-Context）的觀察能力，並採取符合核心價值的行動。

3. 靜觀認知療法（Mindfulness-Based Cognitive Therapy, MBCT）

代表人物：辛德爾．西格爾（Zindel V. Segal）、約翰．蒂斯代爾（John D. Teasdale）、馬克．威廉斯（J.Mark G. Williams）。

概述：MBCT 專注於預防復發性重度抑鬱症，結合靜觀訓練與認知療法，透過提升元認知覺察（Metacognitive Awareness）來減少抑鬱復發的風險。

總結

- 第一代：專注於行為與心理障礙成因的深入分析（如精神分析、行為療法）。
- 第二代：結合認知與行為，挑戰不合理信念（以內容為主宰）以改變情緒與行為（如 REBT、CBT）。
- 第三代：強調思維風格（Thinking style）與體驗想法的模式（Mode of experience）為主宰、元認知控制（Metacognitive Control）、元信念（Meta-beliefs）和思考程式（Procedural Plans）作為治癒情緒問題的關鍵——本書主角 MCT。還有接納（Acceptance）、靜觀（Mindfulness）與承諾（Commitment），提升心理彈性，並促進價值驅動的生活（如 ACT and MBCT）。

各種主要心理治療內容：

第一代：

心理治療誕生年份：1920-1950 年代

主要創立學者 Founder：佛洛伊德 Sigmund Freud

心理治療名稱：精神分析學（Psycho-analysis）

主要理論模型：精神分析學的心理地形模型（Topographical Model of Mind）

簡單描述：

佛洛伊德（Freud）在《夢的解析》中發現，心理可以分為兩個層次：潛意識（Unconscious mind）和意識（Conscious Mind）。

我們只能察覺到存在於意識（Conscious Mind）中的思想與記憶。而存在於潛意識（Unconscious Mind）中的思想與記憶，則是我們無法直接覺察的。只有在特定情況下，例如透過心理治療（Psychotherapy）或催眠治療（Hypnotherapy）等方式，才能接觸到潛意識中的訊息。

根據佛洛伊德（Freud）的理論，成年後的神經症問題源於在伊底帕斯（Oedipal）發展階段中產生的衝突。這些衝突可能會被壓抑，因為尚未成熟的自我（Ego）在當時無法處理這些問題。

佛洛伊德（Freud）認為，人們可以透過將無意識的思想與動機轉化為有意識的狀態，從而獲得洞察力，進一步實現治癒的效果。

第二代：

心理治療誕生年份：1950-1960 年代

主要創立學者 Founder：
亞伯特・艾利斯 Albert Ellis

心理治療名稱：
理性情緒行為治療
(Rational Emotive Behaviour Therapy, REBT)

主要理論模型：ABC 三角模型

簡單描述：

艾里斯的理性情緒行為治療（REBT）概要：艾里斯認為，人具備發展有利和健康想法的潛力，但也可能固執地維持自我破壞的念頭。這些想法自然而然地影響情緒，進而影響行為反應。

REBT 的基本假設：

1. 人的思想傾向可能是扭曲的或合理的，但通常相當固執固定。
2. 行為和情緒受到認知習慣的影響，持續保持不利或無效的想法會造成困境。
3. 改變行為與情緒的關鍵在於認識並改變自我設限的認知習慣。

REBT 的輔導方法特色：

1. 重組思維方式：透過引導患者注意其既有的思考習慣與信念。
2. 挑戰不合理認知：使用邏輯與實驗性的方式，幫助患者檢視與改變不合理信念。
3. 注重教育功能：提供家庭作業作為練習，促使患者建立新的思考與行為模式。

REBT 強調理性認知的重建，幫助患者改變習慣性行為反應，從而改善情緒與生活困境。

心理治療誕生年份：1970 年代

主要創立學者 Founder：
亞倫・特姆金・貝克 Dr.Aaron T. Beck

心理治療名稱：認知行為治療
(Cognitive Behavioural Therapy, CBT)

主要理論模型：Beck's Schema Theory

簡單描述：

從認知的角度來看，抑鬱症的特徵是個體對自身、生活經驗（以及整體世界）和未來的負面功能性觀點，這被稱為「認知三元組」（Cognitive Triad）。貝克（Beck）還認為，抑鬱患者往往因童年經歷而形成負面的自我圖式（Self-Schema）。這些圖式可能源自於早期的負面經驗，例如批評、虐待或欺凌。

貝克（Beck，1967）指出，「圖式」（Schema）這個概念之所以被用來表示情感經驗的心理表徵，是因為它既熟悉又能同時表達單一、具體的概念（例如，甚麼是鞋子），以及更複雜、全面的知識，例如自我概念。

第三代：

心理治療誕生年份：1980 年代後期

主要創立學者 Founder：
Steven C. Hayes、Kelly G. Wilson & Kirk Strosahl

心理治療名稱：接納與承諾治療
(Acceptance and Commitment Therapy, ACT)

主要理論模型：關聯框架理論
（Relational Frame Theory, RFT）

簡單描述：

接受與承諾治療（Acceptance and Commitment Therapy, ACT）是一種有實證支持的心理治療方法，結合接納（Acceptance）、靜觀（Mindfulness）、承諾（Commitment）及行為改變策略，旨在提升個體的心理彈性（Psychological Flexibility）。與傳統的認知行為治療（Cognitive Behavioural Therapy, CBT）不同，CBT 通常試圖教導個人透過特定策略來控制自己的想法、情緒、感官、記憶及其他內在經驗（Private Events）；而 ACT 則鼓勵人們學會「留意」、接納並擁抱這些內在經驗，尤其是那些過去被迴避或抗拒的部分。

此外，ACT 幫助個體發展出一種超然的自我感，稱為「自我為景」（Self-as-Context），這是一種能夠以觀察者的角度去體驗和看待自己的想法、感受、感官及記憶的能力，從而與這些內在經驗保持一定距離（例如，思考自己的思考、觀察自己的情緒）。同時，ACT 強調協助個人澄清核心價值觀，並採取符合這些價值觀的行動。透過這一過程，ACT 不僅帶來更多的活力和意義，也最終實現心理彈性的提升。

ACT 運用六大核心歷程來幫助人們建立心理彈性，也就是無論內在經驗如何，仍能擁有選擇行動的自由。

心理治療誕生年份：1994

主要創立學者 Founder：
阿德里安．威爾斯 Adrian Wells

心理治療名稱：
元認知治療 (Metacognitive Therapy, MCT)

主要理論模型：自我調節執行功能模型
(Self- Regulatory Executive Function Model, S-REF)

簡單描述：

英國的元認知治療（Metacognitive Therapy）是新一代（第三波）心理治療其中一個主要治療，是全式的元層面的心理治療。

「元認知治療」（Metacognitive Therapy, MCT）發現並指出，所有具有心理障礙疾病或情緒病的人，都會採取一個普遍的思維應對模式「認知注意綜合症」（CognitiveAttentional Syndrome, CAS），它是一種對自我切身相關主題所持有的獨特思維模式，具有重複和沉思的性質，並且難以控制；它有三大組成部分：

1. 擴展思維：思索及擔憂（導致患者負面情緒深化及延長）
2. 威脅監察（導致患者警覺性持續高漲）
3. 一系列非功效性的思想及行為應對策略（導致負面想法的影響力持續）

「認知注意綜合症」（CAS）是情緒問題的「毒瘤」，導致一般人的情緒調節機制受到干擾，專注力資源被牢牢地鎖定在這個 CAS 病態思維風格之中，因此難以調節負面的個人信念和干擾正常情緒調節功能。導致患者使用 CAS 模式的是因為背後的「元信念」（Meta-Beliefs）。

「元認知治療」能夠十分有效地消除 CAS，並且大大降低「元信念」，這兩個方面是治療的重心，患者能夠因此恢復正常的思維風格。

心理治療誕生年份：1995

主要創立學者 Founder：
Zindel Segal, John Teasdale & Mark Williams

心理治療名稱：靜觀認知治療
(Mindfulness-Based Cognitive Therapy, MBCT)

主要理論模型：Mindfulness-Based Cognitive Vulnerability Model of Depressive Relapse

簡單描述：

一種新穎的小組形式心理社會干預方法，結合靜觀訓練與認知治療技術，專為減少復發性重度抑鬱症的復發而設計。

靜觀認知治療（MBCT）最初被開發為一種可以在小組治療中實施的復發預防策略。將 MBCT 首次應用於復發預防的理論基礎在於：在抑鬱發作期間，抑鬱情緒與災難性及絕望性的思維之間的反覆聯結，會導致個體對未來抑鬱復發的脆弱性增加。

靜觀認知療法（MBCT）的一個重要假定作用機制，是透過引導參與者採取一種獨特的「存在模式」（Mode of Being），來提升元認知覺察（Metacognitive Awareness）。「進行模式」（Doing Mode）是一種心智狀態，在此狀態下，個體的心智會察覺到對事物的看法與其「應該是」的樣子之間的差異，並試圖努力縮小這種「現況」與「應然」之間的差距。

系　　列：元認知的奧秘與生活 2
書　　名：「元認知健康生活」
抑鬱不再來——30天情緒自癒手冊
作　　者：林朝劍博士、黃宗顯醫生

出 版 社：亮光文化有限公司
Enlighten & Fish Ltd
社　　長：林慶儀
編　　輯：亮光文化編輯部
設　　計：亮光文化設計部
地　　址：新界火炭坳背灣街61-63號
盈力工業中心5樓10室
電　　話：(852) 3621 0077
傳　　真：(852) 3621 0277
電　　郵：info@enlightenfish.com.hk
亮 創 店：www.signer.com.hk
面　　書：www.facebook.com/enlightenfish

2025年7月初版

I S B N　978-988-8884-62-9
定　　價：港幣$168

法律顧問：鄭德燕律師